周易文化讲论

刘大钧　主编

# 《周易》与中国建筑

刘保贞　著

生活·讀書·新知　三联书店

**图书在版编目（CIP）数据**

《周易》与中国建筑／刘保贞著.—北京：生活·读书·
新知三联书店，2018.5
（周易文化讲论）

ISBN 978 – 7 – 108 – 06165 – 2

Ⅰ.①周…　Ⅱ.①刘…　Ⅲ.①周易》–影响–古建
筑–研究–中国　Ⅳ.①B221.5 ②TU–092.2

中国版本图书馆 CIP 数据核字（2018）第 017007 号

责任编辑　杨柳青
封面设计　刘　俊
责任印制　黄雪明
出版发行　**生活·讀書·新知 三联书店**
　　　　　（北京市东城区美术馆东街 22 号）
邮　　编　100010
印　　刷　四川省南方印务有限公司
排　　版　成都勤慧彩色制版印务有限公司
版　　次　2018 年 5 月第 1 版
　　　　　2018 年 5 月第 1 次印刷
开　　本　185 毫米 ×130 毫米　1/32　印张　5.5
字　　数　71 千字
定　　价　21.00 元

# 总　序

一百余年前，以天朝自诩的清朝政府，经鸦片战争至甲午海战，每战必败，接之而来的是割地赔款，签订不平等条约。面对国运多舛、国人受侮，当时先进的知识分子在激愤之下，错误地将矛头对准以儒家为核心的中国传统文化，一时极尽羞辱之能事。如时人吴稚晖提出要把"国故"丢到"茅厕"里，而钱玄同等一众学者要求全面废除汉字。如此种种，千年"斯文"此时似乎真要"扫地"矣。且此种批判风气蔓延至学术研究领域，学者治学也多受此情绪影响，因而失去作为学者对学术研究的客观与公正的态度。以

《周易》为例，为否定孔子与《周易》的关系，对《论语》中孔子"加我数年，五十以学《易》，可以无大过矣"一语，利用《鲁论》之"易"为"亦"字，改句读为"加我数年，五十以学，亦可以无大过矣"，证明孔子与《易》根本没有关系。为证明《周易》晚出，宣称《左传》中的占筮资料是刘歆割裂《师春》插入其中的伪作。20 世纪40 年代，更有人注疏《周易》经文，对《周易》经文中六十四卦前所标注的六十四卦卦象，对《易传》所云"易者，象也；象也者，像也"等有关易象的重要论述，皆全然不理。在不做任何学理论证的情况下，将由春秋战国延续至两汉魏晋的象数易学研究成果全部弃之不用，而纯以文字训诂解《易》。因为此种解释离开了"观象系辞"的宗旨，且古时字少，一字可与多字通假，因而使其训诂之解变成了一根"点石成金"的魔术棒，如解《易》之"亢龙有悔"为"沆龙有悔"，解"有孚惠心"之"孚"为俘虏等。此种论说早已不是平和客观的研究，更兼之对《周易》

经文常以己意随便改动。古人著书是为存史，今人却如此迂曲以否定之，真可谓"尽不信书则不如无书"也。这些以反传统自居的人，固然以激昂的斗志示人，但其内心，却是作为中国人面对积贫积弱现实的深深的文化自卑。也正是这种文化自卑心理，使当时顶尖级的学者不敢确认中国文化的长度和高度，弃典籍而"疑古过勇"。新文化运动对现代中国的文化转型虽然起到了积极的作用，但在约一个多甲子的时间里，传统文化还是受到很大冲击，尤其是经学研究，多被贴上负面标签，处于文化边缘。

《易传·序卦》曰："物不可以终尽剥，穷上反下，故受之以复。"万事万物在最低潮之时，往往孕育着崛起的曙光。在20世纪最后三十年，传统文化终于迎来了其否泰运转之数。20世纪70年代前后，随着"亚洲四小龙"的崛起，部分国人发现由儒家文化传统一样能开发出现代文明，实现富国强兵。因而由70年代末至80年代，中国传统文化开始复兴，学者们重新认识与评价孔子，开辟学术园地，研究传统经典，在"果行育德"中宣讲中国传统文化。当此"屯起"之时，参与其中的学者们多有"致命遂志"之信念，怀着对传统文化的自觉与自信，承担起学人们的历史使命。在"君子以经纶"的求索中，逐渐有了中国传统文化全面复兴的良好形势。到90年代，随着学术队伍的壮大、民间人士的响应，传统文化的发展成为一种潮流，从20世纪初至六七十年代，一直被不屑、被轻视、被批判的古老"国学"竟重新"流行"！其实，传统文化复兴的根本原因，还是随着改革开放而形成的经济发展与国运昌盛。中华民族在崛起中汲取了传统文化的德性营养，进而随着国力的全面提升，民族自信和文化自信亦一步步恢复，人们对"疑古过勇"者的批判愈加明确，也愈加要求优秀传统文化参与国家和民族的崛起，实现文化层面的民族自信。故近年来传统文化重新走向庙堂，并成为中国特色社会主义文化的源泉，成为中国文化自信的根基。

　　历经百余年的波折，现在我们对于传统文化，已经有了比较成熟的态度。一方面，传统文化决不可丢弃，而应努力弘扬。《易·贲卦·象传》云："观乎天文，以察时变；观乎人文，以化成天下。"文化与天下相系，何其重要！而现代文明体系中的民族与国家，也都是以各自文化为根本标志，传统文化是一个国家与民族的灵魂。若我们当真"全盘西化"，抛弃传统，则何以能名为"中国人"与"中华民族"？民国初年部分人的文化自卑心态，其根本原因是出于知识分子对国家贫弱的痛心与激愤，但历史的发展已经澄清，贫弱或富强绝不能简单地与中西文化之优劣画等号。因此，我们应怀着骄傲，确立我们的民族文化自信，更加努力地传承与弘扬优秀传统文化，以助力国家的全面复兴与强大。另一方面，承继传统文化绝不意味着固守。全然守旧的老路是走不通的，对传统文化要进行深入的研究，批判剔除其中的消极内容；同时应着眼现代文明，结合当前现实，努力由"旧识"开出"新知"。《诗·大雅·文王》云："周虽旧邦，其命维新。"冯友兰先生尝引之以期许国家的前途，而此亦是我们对中国传统文化的期许。在传统文化中，《周易》兼有源头与总括的性质。《周易》是中国最古老的典籍之一，它极天地之渊蕴，究人事之终始，开中国文化之源，影响了先秦诸子与历代学术思想。《周易》又是中国文化的最高典籍，两汉时为群经之首，魏晋时为三玄之冠，宋明时为理学之基；迄于近代，亦是中国学术转型的重要根据。近代著名学者，如熊十力、马一浮等先生，俱以大易为最高旨归，而致力于开辟当代新学。《周易》还关涉中国古代的一切文化现象，正如《四库全书总目提要》所总结的："易道广大，无所不包，旁及天文、地理、乐律、兵法、韵学、算术，以逮方外之炉火，皆可援易以为说。"更为突出的是，《周易》文化在海外有很大的影响，如莱布尼茨、荣格等西方学者胥受《易》之影响进而推崇《周易》，而韩国则径取太极八卦之象作为国旗。一言以蔽之，《周易》是中国优秀传统文化中的璀璨代表，在世界文化中占有重要地位，自古至今都有其独特的魅力与重要的影响，我们应下大力气继承与弘扬。

"周易文化讲论"丛书的策划，是受国家汉办前主任许琳的嘱托，她说：一门学问的研究，深入不容易，浅出往往更难，你们能不能用当代人的视角，以显明易懂的文字，对《周易》中当前人们关注的基本精神和核心内容，向读者做一个介绍？为此，经反复讨论，我们既着眼于《周易》文化的传承与弘扬，又针对当下之文化关切，选取了十个主题对《周易》文化进行讲解。"周易文化讲论"丛书包括了三个部分的内容：

第一，总论一讲。"《周易》与中国文化"一题中，作者系统梳理了《周易》的基本精神、核心内容与主要特质；并由《易》与儒释道的关系，确认《周易》在中国传统文化中的重要地位。另外，作者又从中国文化的总体视野入手，简明扼要地介绍了《易》与中医、气功、天文气象、风水术、音乐、兵学、音韵学、数学、炼丹术等传统文化的密切关系，展现了《周易》的文化广度。

由此总论一讲，读者可了解《周易》文化的整体样貌，更可管窥《周易》作为大道之源，对中国传统文化各领域无所不包的全面影响。

第二，跨文化领域五讲。我们选取近年来人们关心的五个主题，以不同文化领域之视角，详说易道之流行。"《周易》与养生"一题中，作者分析了《周易》阴阳、气论、感通等思想对中国养生学的重要影响；并以气功等实际功法为例，具体展现了两者之间的深刻联系。更为重要的是，作者于最后一章论《周易》与哲理养生，根据《周易》中的快乐主义、诗意生活、道德修养等，提出由生命境界的提升、由养神来养生的观点。结合现实来看，随着生活水平提高、人口老龄化加速，当前养生越来越受到国人的重视，运动、食疗等养生方法非常流行；但养生不仅是养身，更是养心、养神，人们往往不太重视生命境界的提升。故本讲所论，哲理养生是中国养生学的根本特色所在，是最重要的养生方法，实极有现实意义。"易学与中国建筑"一题中，作者由中国古代的城市兴建、宫殿建设、礼制建筑、民间建筑、宗教建筑等五种建筑类型，图文并茂地举例，探讨了其中所应用的《周易》之象、数、理等内容。书中所举之例，既包括隋代大兴城、唐代洛阳明堂等仅载于古书的建筑，又有新疆特克斯八卦城、北京故宫等仍保存完好的建筑。通过本书，读者可由《易》之视野，领略到这些建筑不同的魅力。另外，《周易》所论三才之道、天人合一等思维，在当今世界范围内均突显出其价值。故现代建筑学中，也越来越重视以《周易》为代表的传统文化理念。可以预见，《周易》与中国建筑的联系在未来将会更加密切。"《周易》与儒学"一题中，作者详细考辨了孔子读《易》、赞《易》之事；勾勒了儒学与《周易》两者之间相互影响、相辅相成、交相辉映，最后融为一体的历程；同时爬梳了孟子以降的历代儒学与易学之源流。"《周易》与中国文学"一题中，作者首先确认《周易》经传的文学性，确认《周易》本身就是一部优秀的先秦文学作品；进而从文学创作出发，梳理历代文学作品中对《周易》的广泛引用；又从文学批评出发，分析了《周易》哲学对中国文学理论的深刻影响。值得一提的是，作者在当代文学部分，用了相当篇幅介绍金庸武侠小说与《易》的关系。对金庸所用到的武功名称、招式名称、武术思想等，进行了较为细致的分析，揭示了其背后的易学理论。通过对当代流行元素的关切，极大增强了全书的可读性与趣味性。读史释《易》，向来是一个讲《易》的传统命题。"《周易》与史学"一题中，作者一方面由《易》观史，梳理《周易》经传中的历史故事与社会史资料，分析《周易》哲学对中国史学的影响；一方面由史观《易》，梳理史书中的易学资料与易学家，并举例探讨了历代史学大家的史学与易学思想。按易学与史学，自古至今联系密切：在古代突出表现为"以史治易"，古人常常用历史故事来注解《周易》，以参证《易》之思想，故有史事宗之易学；在近现代则突出表现为以《易》治史，一批学者受新史学影响，鼓吹"六经皆史料"，热衷于在《周易》经传中考察古代历史故事与社会史资料，取得了一些成绩。读者通过本书，当可大体了解史学与易学的深厚渊源。

第三，《周易》文化自身四讲。我们选取四个主题，由不同角度，详说《周易》文化自身的丰富内涵。"《周易》智慧"一题中，作者从具体卦爻出发，深入卦爻所象征的宇宙时空之具体情境，揭示个体生命在不同"时"中当效法取用的处世智慧。通过本讲，读者一方面可了解践行这些处世智慧，一方面可学习《周易》经传的解读方法。更为重要的是，作者针对人人皆身处祸福的考验与纠缠之中、关注命运而祈福避祸的现实，撰"吉凶之间求福避祸"一章，介绍《周易》预测吉凶悔吝、指导趋吉避凶的方法，介绍中国古代理性务实、不信仰鬼神的选择，介绍孔子阐发易理、观《周易》德义之道的方向。现实社会中，人们的生活节奏很快，经常身处多种选择、祸福不定的境遇之中，故而热切地希望管窥自己的命运。作者此章所介绍求福避祸、德义之道等关于命运的智慧，对读者思考命运问题、提升自我的生活质量，当有启发意义。"《周易》与人和之道"一题中，作者针对"和谐"的时代主题，由《同人》《睽》两卦，阐发《周易》所揭示的人际和谐之理想和原则；进而由具体的夫妇、父子、朋友、上下之关系入手，阐发《周易》中的和谐智慧。作者尤其详细考察了《周易》关于君民和谐的论述，深度发掘其中的民本思想，颇有新意，且对政治实践有一定的借鉴意义。"《周易》的思维方式"一题中，作者以现代文明与中西比较之视域，贯通《周易》经传，探讨《周易》中的思维方式：从内容上讲，有阴阳和谐、广业利世、应时鼎革等思维；从形式上讲，有形象、运数、直觉、逻辑、辩证等思维。通过"思维"这一当代学术的角度，展现了《周易》文化的鲜明特征和独特魅力，也展现出中国文化的特色。其中，作者探讨广业利世之思维，认为《周易》德与业并提、义与利并重，推崇"修业""广业""大业"，主张"利者，义之和""利物足以和义"。

这对于我们纠正易学史中对广业利世的轻视，全面了解易学思想有一定的价值。"易学简史"一题中，作者以古代易学发展历史为主要线索，对各时期易学的主要派别、人物、学说进行介绍，勾勒出了易学发展的基本轮廓和大致格局。此讲可为读者阅读本套丛书，提供必要的易学基础。总之，《系辞传》赞易"广矣大矣"，由以上十题涉及之内容，亦可见一斑也。

鄙人认为，"周易文化讲论"丛书整体而言有以下几点特色：其一，多能本于新资料，介绍学术前沿，以匡正前人之偏失。如前文提到民国以来否定孔子与《易》之关系的疑古学说影响甚大，故"周易文化讲论"丛书在多处介绍了学界对于孔子与《易》关系问题的新结论。马王堆帛书《易传》的出土为此问题提供了极为珍贵的资料，其《要》篇载有孔子读《易》"居则在席，行则在橐"的情状，显然孔子不可能与《易》无关。在帛书《易传》中，孔子对自己的易学思想有充分的自觉，强调其真正重视的是"观其德义"的道德之途，而与史巫不同；孔子"德义"之途的思想，正与《易传》的主旨一致，故学界多确认《易传》是"孔子及其后学阐释和发挥《周易》古经而成"。这些材料与结论，可直接廓清民国以来否认孔子读《易》赞《易》的疑古风气，对于我们追溯文化脉络、挺立文化自信至关重要。其二，由现代文明之视域，尝试赋予《周易》文化以契合当下现实的解说。如丛书中反复论说《周易》中"德"之重要性，尤其由《中孚》卦、由孚信之义，可见《周易》对为人处世中"诚信"道德的重视。"周易文化讲论"丛书对传统易理的这一解释与强调，实有重要现实意义：市场经济是现代文明的重要特征，改革开放后，在商品经济浪潮中，不少人功利心太过，唯利是图，完全丢掉了诚信观念，丢掉了道德意识，甚至不惜违法。圣人云"君子忧道不忧贫"，真正的君子先存道后谋利，但在我们周围，这样的君子实在太少！我们热切希望读者中能有更多诚信守道之君子，从而扭转当下偏失的社会风气。其三，作为面向大众的文化读物，"周易文化讲论"丛书注意行文之通俗，避免艰涩深奥之辞，以适合文化的普及功用。

总之，本套"周易文化讲论"丛书兼备前沿性、时代性、通俗性等特点，我们希冀其在《周易》与中国传统文化的继承与弘扬方面，能发挥出一定价值。因为《周易》一书中包含的深奥易理和精微哲思，使其成为一部"书不尽言，言不尽意"之书，因而它凭借八卦与六十四卦卦象，"立象以尽意，设卦以尽情伪"。我们这套丛书所展示的，只是近三十余年来人们从现代文化的视角出发，贯通、探讨的《周易》经传中的人生智慧与思维方式。相信再过三十年，乃至一百年、二百年，随着我们生活内容的日益丰富与文化境界的不断提高，人们在岁月的流逝中将通过各种外显的八卦符号与内应的五行生克机理，寻求认识世界与把握世界的新方式。因而，《周易》将成为人们认识与改造世界、丰富自身文化发展的永恒研究母题与研究主题。而类似今日我们阐释

《周易》的这种丛书，今后将被一代又一代的后人不断推出，从而成为人们不断总结过去、改变现在、瞻视未来的创新动力。

本序之作，恰逢党的十九大胜利召开。十九大报告对文化非常重视，提出要"增强文化自信""文化自信是一个国家、一个民族发展中更基本、更深沉、更持久的力量"，要"推动中华优秀传统文化创造性转化、创新性发展"。我们当初设计这套丛书的想法，正响应了十九大报告的新思维，这使我们甚感欣慰，故略呈拙文如上，是以为序。

刘大钧

丁酉年小雪于运乾书斋

# 目　　录

2

# 导　言

北宋时期编纂完成的《营造法式》是中国现存的较早的建筑专著之一，其作者李诫在献给皇帝的《进新修营造法式序》中开篇就说：

> 臣闻"上栋下宇"，《易》为《大壮》之时；"正位辨方"，《礼》实太平之典。

第一句就是化用《周易·系辞下》的话作为其立论的经典依据。

《系辞下》说：

上古穴居而野处，后世圣人易之以宫室，上栋下宇，以待风雨，盖取诸《大壮》。

意思是说，圣人建造宫室房屋取法了《周易》的《大壮》卦。对这句话的理解，历来都有不同的说法。

2

有人认为是圣人取法《大壮》卦的卦画或卦象才造了宫室房屋，如阴爻符号用出土简帛《周易》上的阴爻符号"∧"来表示，则《大壮》卦卦象为☳，非常像一座房屋的形象。这种说法恐与历史事实不符。

比较传统而被认可的解释是，壮有"壮观""壮美"的意思，宫室比地穴要壮观美丽，所以圣人选择离开地穴，住进宫室。

不论如何，据此我们可以看出，《周易》作为中国最古老的经典之一，对中国建筑产生了深刻的影响。从中国建筑史的角度来看，大到一城一村的布局，小到一亭一景的构建，我们时时可找到易学影响的印痕。

# 第一章　《周易》与中国古代城市的兴建

## 一、《乾》卦六爻与隋大兴城的兴建

公元581年，隋文帝杨坚推翻了北周政权，建立隋朝。

"隋"字原本作"随"。杨坚承继父亲杨忠随国公的爵位，后被封为随王，所以他把自己新王朝的国号定为"随"。但他又感到随字有"辶"，与走同义，新王朝要跟着前朝走掉，这太不吉利了，便改"随"为"隋"，为新王朝换了一个新字。

汉高祖像

隋文帝登基后，仍以北周的首都长安城为首都。但这长安城是汉高祖七年（前200）刘邦兴建的，经过西汉末年、东汉末年和魏晋南北朝期间的无数次战争动乱，日益凋敝残破，城中的宫宇已是残旧不堪。再加上渭水河床南移，城内潮湿，供水、排水严重不畅，使得城内经常污水横流，泥泞遍地。更为严重的是生活垃圾的污染使地下水出现碱卤现象，打出的井水不能饮用。同时，此地局限于龙首原与渭水河道之间，范围狭促，难以扩大城区规模。于是大臣苏威首先建议朝廷建造新都。

隋文帝内心也有迁都的念头。常言说，白日不做亏心事，不怕半夜鬼敲门。隋文帝明白，他的皇位是窃取北周的，在他登基前后，曾对北周的皇亲国戚、宗室贵族大肆杀戮。住在北周留下的皇宫里，每至夜幕降临，那些政治清洗的牺牲品，尤其是北周皇室的阴魂，便会乘夜潜入，在他的梦中兴风作浪。

隋文帝内心的惶恐使他常常深夜做噩梦，梦

隋文帝像

见洪水淹没了长安城。后人解释说，这个梦预示着隋朝为唐朝开国之君李渊所灭，"渊"就是大水的意思。这当然是迷信附会之说。实际上也许因京城距离渭水太近，噩梦是隋文帝担心水患的心理反应。

但迁移新都对新王朝来说也不是件容易的事，要耗费大量的人力物力。隋文帝有点犹豫不决，与大臣苏威、高颎合计到深夜，也没最后定下来。谁知第二天一大早，大臣庾季才就上奏说：

> 臣仰观玄象，俯察图记，龟兆允袭，必有迁都……且汉营此城，经今将八百岁，水皆咸卤，不甚宜人。愿陛下协天人之心，为迁徙之计。（《隋书·庾季才传》）

> （我夜观天象，又仔细翻检了有关的图书，天象预示今年必有迁都之事……而且从汉建此城至今都快八百年了，地下水都咸得没法喝了，这里已不适合人住了。请陛下考虑迁都吧。）

文帝听了大吃一惊，对高颎、苏威说："是何神也！"这时德高望重的太师李穆也上书请迁都。开皇二年（582）六月，杨坚终于决定，废弃汉长安城，另外建造一座新都，地点就选在汉长安城东南的龙首原上。

8

龙首原又称龙首山，是从终南山北麓伸向渭河的诸高岗梁原的统称。所谓山，不过是一块微微隆起的高坡，它西起今西安三桥一带，东至浐河岸边，南北长约30千米。传说古时有一条黑龙从终南山出来到渭河去喝水，头已入渭水里了，尾巴还在樊川，它爬过的地方就成了这个土山，故名龙首山。

这一地址的选定颇有些来历。传说有个头顶长满烂疮的瘸腿游方僧人，来到龙首山杨兴村，见村中一大树下，村民们正纳凉侃大山。这个怪和尚高声断喝：这是天子的坐堂处，你们屁民如何敢大胆聚在这里瞎扯？众人以为和尚讲疯话，全都耻笑他。

这一传言传至隋文帝耳中,文帝亲率高颎、苏威等大臣前往杨兴村。君臣登山游目四顾,只见龙首山南及终南山子午谷,北据渭水,东临浐川,西接沣水,地形开阔,川原秀丽。而且在这个龙首原上,自北向南,依次排列有六道自然形成的高坡,恰似《周易》《乾》卦的六爻。

《乾》卦是讲"龙"的,"龙"自古就被中国人认为是和麒麟、凤凰一样的瑞兽,是圣君统治下的太平盛世才会出现的祥瑞。

自秦始皇起,帝王多把自己包装成"龙"的化身,秦始皇被称为"祖龙",汉高祖刘邦称他的母亲在大泽中被"龙"附身生下了他。再到后来,"龙"的地位被抬得越来越高,成了皇帝的代名,皇帝被称为"真龙天子"。

龙形纹饰,特别是有五个爪的大金龙在宋元时期成了皇帝的专用纹饰,平民百姓要是偷偷用了这样的纹饰,被官府知道了,是要被当成谋反罪诛灭九族的。

《乾》卦描述的是"龙"从潜藏到现世,再

到飞跃在天的变化过程，多被后人比喻成皇帝，特别是创业皇帝，从卑微到至尊的发达历程。

皇帝在民间时就相当于《乾》卦的初爻"潜龙勿用"，被称作"龙潜"时期；一旦大功告成，就相当于《乾》卦的九五爻"飞龙在天"，被称为"九五至尊"。

隋文帝和众大臣看到这样的地形，又联系到"龙首原"的地名和传说，不由大喜：这里实在是个天赐的风水宝地啊！

为慎重起见，大臣又请了一个叫一名的高僧为这地方占卜了一下。高僧言道：龙首山建都大吉大利。在这里建都，能使江山稳固，传之无穷。并算得六月十八日是动土开工的良辰吉日。

隋文帝龙颜大喜，于是下旨命左仆射高颍、太府少卿高龙叉、将作大匠刘龙等主持营建新都。

高颍为新都正监，主要是提出都城总的制度，并负责制定总体施建方针。而具体的规划、设计由宇文恺完成，其他副使主要协助负责施工和材料管理诸事务。

宇文恺（555—612），字安乐，鲜卑族，朔方夏州（今陕西省靖边县北部白城子）人。他出生于武将世家，父亲和几位兄弟都以武功立业，但他却不喜练武，自幼爱好读书，博闻强记，尤其对建筑艺术情有独钟，20多岁时就被北周政权任用为主管建筑的官员。

隋文帝杨坚建立隋朝后，大肆诛杀宇文氏，宇文恺也差点被处死，由于他的哥哥宇文忻拥戴杨坚当皇帝有功，加之他本身颇有才名，才得免一死。

宇文恺有两项重大发明，对后代建筑艺术产生了深远影响。

一是建筑模型的使用。在建造国家明堂时，宇文恺先按照比例用木料制成明堂模型，以便考察设计效果，这一新方法和新手段被后世建筑家所继承并沿用至今。

二是设计并建成了大型活动房屋。这个叫作"观风行殿"的建筑，上面为宫殿式木结构，可以拆卸和拼装，殿内可容数百人。行殿的构件下面设有带轮的机械，可以在地上灵活移动，也可以随时随处很快地搭建起来，非常灵活迅速。类似的建筑还有"六合城"，一夜之间就能修建而成，帐下更可以容纳数千人，用为防御工事，好似巨大的活动堡垒。

这项发明是世界建筑史上有关活动房屋的最早记载。另外，宇文恺在设计东都洛阳观文殿的一间书屋时，曾安置了一个很巧妙的机关：在门上悬有锦幔，上面设有两只凌空欲飞的仙鹤，当有人来到门前，踏动地上的机关时，这两只仙鹤就会冉冉升起，收起锦幔，书屋的大门也随之缓缓打开，人们如同进入神话世界。

领命后的宇文恺不敢怠慢，他先到北魏洛阳城和东魏、北齐的邺都考察，吸取这两地的优点，并仔细勘查龙首原的地形、水源及地貌的实际情况，因地制宜进行规划。宇文恺绘制出详细的平面设计图，合理地组织、分配人力物力，工程组织和管理相当精细和严谨。

新城于开皇二年（582）六月开始营建，当年十二月基本竣工。因为杨坚曾被北周封为大兴郡公，就借用大兴作为新都名，寓意隋朝"走向大兴，走向繁荣"。

开皇三年（583）三月十八日，隋文帝带领全体官员搬迁到大兴城，标志着隋王朝正式迁到新都。

新城南北宽8600米，东西长9700多米，总面积约84平方千米，是汉长安城的2.4倍，比同时期的拜占庭王国都城大7倍，较公元800年所建的巴格达城大6.2倍，比明清北京城约大1.5倍。举世瞩目的古罗马城，面积13.68平方千米，仅是大兴城的五分之一，相当于城市的一个区而已。近代以前，隋大兴城一直是人类建造的最大都城，堪称当之无愧的"世界第一城"。

值得特别注意的是宇文恺在新城设计中所体现的易学思想，具体表现为"法天"思想和《乾》卦六爻理论。

（一）"法天"思想

《周易·系辞上》说：

> 天垂象，见吉凶，圣人象之。

这句话是对中国古代"天人合一"思想的高度概括。

在古人眼里，人间社会不过是天上世界的一个副本（汉代大儒董仲舒就有"人副天数"的说法），以北极星为中心的天上的群星与地上以帝王为中心的芸芸众生有一一对应的关系。每个人都有一颗属于自己的星星，只是地位卑微的人搞不清哪颗小星星属于自己罢了，它们的晦明变化兆示着人间君主臣民的吉凶祸福。

古人把天空中的星辰归属于三垣（紫微垣、太微垣、天市垣）和二十八宿，日、月和五大行星在周天运行，与其他星辰发生联系就可以显示祸福。

星辰以紫微垣中的北极星为中心向左运行，每个星宿都代表着一种事物。紫微垣是天子之宫，太微垣是天子之庭，天市垣是天子的外朝和市。井宿中的东井八星是天的南门，阙丘二星是天子的双阙，至如宫室、宗庙、社稷、园囿、仓廪、乐府以至于厕所都可以在星宿中找到自己的位置。

人们不仅把这些人类的世俗生活涂上一层神秘色彩搬到天上去，还要把它们再请下来，用以规范、指导人类的现实生活。这就是中国古人的"法天"思想，它在古人日常生活中占有非常重要的地位。

追求天人感应、天人合一是中国古代各种规章制度的最高理想境界。就建筑方面来说，中国古代的建筑设计家与今日以源自西方的以美学、力学为基础理论的建筑工程师不同（这并不妨碍中国古人设计、建造的东西也很美），他们有一套自己独特的"法天"思想体系，他们设计的建筑物，除实用性外，更强调各种设计的象征意义。

在新都城的规划布局上，宇文恺使这种思想得到了充分的发挥与阐扬。他把新城设计成长方形，按功能规划为宫城、皇城和外郭城三部分，三者平行排列。

宫城位于南北中轴线的北部，分为三部分。

中部是大兴宫，由大兴殿等数十座殿台楼阁组成，是皇帝起居、听政的场所。东部为东宫，专供太子居住和办理政务。西部为掖庭宫，是安置宫女学习技艺的地方。

皇城位于宫城以南，又叫子城，是政府办公和祭祀的地方。沿着中央的昭阳门大街，六省、九寺、一台、四监、十八卫等百官衙署呈行列分布。

外郭城也叫罗城、京城，约为现在西安城的7.5倍。采取棋盘式对称布局，以南北向的朱雀大街为中轴线，分成东西两部。街西为长安，街东为大兴，各领55个坊和1个市。城内街道宽畅，异常整齐。南北向的大街有11条，东西向的大街有14条。其中通南面3个门和东西6个门的"六街"，构成了城内交通的主要干线。特别是宽155米的朱雀大街，与皇城南面的东西横街形成十字交叉，构成全城交通的枢纽。各大街的两侧都开有排水沟，街道两旁植以榆树、槐树，行距整齐划一，使道路成为宽广笔直的林荫大道，为城市增添了风采。

这种布局，是以宫城象征北极星，象征天的中心；以皇城百官衙署象征环绕北极的紫微垣；外郭城象征向北极环拱的群星。当然，它也是封建皇帝据北而立、面南而治的儒家传统思想的一种体现，也从另一侧面强化了皇帝君权神授思想的神秘色彩。

城的四面，每面各设三个城门，合为十二门，象征一年有四时，每时有三月，一年十二月。每门有三个车道，三门共九个，十二门组成九经九纬，符合《周礼》所规定的"王城九逵"这一思想。逵是四通八达的道路，九逵即《考工记》中所说的"国中九经九纬"。

新都坊数的设计也都有所依凭。坊的大小很不一致，皇城之前四列共三十六坊，面积较小，象征一年的三十六旬；皇城东西二十四坊比较大，象征天有二十四气；皇城两侧自南至北基本上是十三坊，代表一年有闰等等。

在外郭城朱雀街东西两侧，宇文恺设计修筑

了都会市和利人市，象征天上的天市。

都会市在朱雀街东侧，唐代称为东市；利人市在朱雀街西侧，唐代称为西市。东市和西市各用两坊地面积。

两市是商肆集中的商业区，大小完全相同，四面各开二门，市内街道呈"井"字形。市内邸店林立，货物山积，商品种类繁多。例如东市内的商业门类就分为 220 行，而西市的繁盛更胜于东市。由于东市周围的坊里大多为公卿勋贵占据，普通商人特别是西域胡商大多集中在西市周围居住。

唐朝时西市成为有名的聚钱之所，被称为"金市"，其经济地位可以和今日的华尔街相媲美。

新城的选址是面对南山背靠渭水的，从整个地形的大势上看，北低南高。特别是大兴城东南角正处于黄土台原向梁洼相间地貌过渡地带，地形复杂，不少地方达到海拔 450 米以上，为全城地势最高处，而且高地之间往往有凹陷和低洼地带，如曲江池凹陷、新开门洼地、北池头洼地就镶嵌在岗原之中。

　　此地比宫城和皇城要高，这在风水上被认为对宫城不利，这种说法也来源于"法天"思想。因为古人根据观察发现，天上的日月星辰都滑向西北方，地上的流水泥沙都流向了东南方，这叫作"天不足西北，地不满东南"。《淮南子·天文训》有一则关于这种现象成因的神话：

　　　　昔者，共工与颛顼争为帝，怒而触不周之山。天柱折，地维绝。天倾西北，故日月星辰移焉；地不满东南，故水潦尘埃归焉。

　　这个神话说，共工和颛顼两人为了争夺天下发生了争战。共工失败后，一气之下跑到了大地的西北角，撞倒了那里的不周山。不周山原是八根擎天柱之一，撞倒之后，西北方的天就塌了，东南方的地也陷了下去。

　　地上建筑的地势也应该效法大地的地势，要西北高，东南低。

现在的地势让宇文恺在规划新城时颇费了番心思。最后，他把曲江挖成深池，并隔于城外，圈占成皇家禁苑，成为帝王的游乐之地，认为这样就能改变新都的风水，永保隋朝的王者之气不受威胁。

隋文帝迁入新都后，对曲江园林美景非常满意，却对曲江这个名称中的"曲"字感到厌恶，觉得不吉利，于是命令高颎为这个皇家园林更换新名。高颎见池中开满莲花，莲花又雅称芙蓉，高颎灵机一动，把它命名为芙蓉园。

（二）《乾》卦六爻理论①

宇文恺还巧妙地利用龙首原六道岗阜起伏的地势，把《乾》卦卦象与理论运用到都城的设计之中，这就给现实地形赋予了一种人文的精神，达到了天人合一的境界。

从北向南第一道高地是龙首原黄土梁，相当

---

① 参考李令福：《隋唐长安城六爻地形及其对城市建设的影响》，陕西师范大学学报（哲学社会科学版），2010年第4期。

于《乾》卦的第一爻初九。它是广义龙首原向西延伸的正脉，后来狭义的龙首原就专指这一片地方。

这里地势相对较高，已靠近汉代时未央宫的前殿。初九爻《象传》说：

> 潜龙勿用，阳在下也。

既然是"勿用"，就不能在此建立重要宫室，因而新城的北城郭线就从初九高地的南缘通过。当然，此地还是要特别重视的，宇文恺把此地专设为皇家禁苑，把整个狭义的龙首原连同其北部到渭河的广大地方都圈占进来，成为皇家的后花园。

第二道高地即劳动公园黄土梁，相当于《乾》卦的第二爻九二，其爻辞说：

> 见龙在田，利见大人。

象征着"真龙"出现在地上。因此，就要在"九二"高地上布设宫殿，"以当帝王之居"（《元和郡县图志·关内道一·京兆府》）。

宫殿建成后，东西长 2820 米，南北宽 1492.1 米，面积 4.2 平方千米，约相当于今北京明清故宫的近 5 倍。把今日的故宫游览一遍，游人已是脚酸腿疼，你就不难想象当时的皇宫是多么恢宏了。

此宫殿初名"大兴宫"，唐时改称"太极宫"，其北部的两个主要大殿称为"两仪殿"。如此命名，其立意的出处就是《周易·系辞上》：

易有太极，是生两仪，两仪生四象，四象生八卦。

第三道高地即槐芽岭黄土梁，相当于《乾》卦的第三爻九三，爻辞说：

君子终日乾乾，夕惕若厉。

象征着士人君子终日勤勤勉勉、小心谨慎地为君王办事，因此，宇文恺就把集中了行政办公机构的皇城布置在紧靠宫城的南侧，预示文武百官效忠皇帝，努力工作。《周易·系辞下》说：

黄帝、尧、舜垂衣裳而天下治。

这句话反映的是古人理想中的"太平盛世"，就是皇帝充分放权，基本上啥事也不用管，文武百官、黎民百姓各安其事，各履其责，勤勉工作。

这种把宫室和官府集中在一起的设计方式在当时来说是一种创新，自两汉以后至于宋、齐、梁、陈，宫室和官衙都是和百姓杂处的。

《乾》卦九四爻爻辞是"或跃在渊"，一般不受人重视，宇文恺也没特别关注此爻，也没对相当于此爻的第四道高地做刻意安排。

《乾》卦九五爻爻辞说：

飞龙在天，利见大人。

象征着一个人的事业和地位达到了顶点，如日中天。这样的地方位置特别尊贵，连皇帝都自谦地居住在"九二"高地了，一般人谁还敢居住于此？人不敢住，那只有让位于神了。

因此，宇文恺特意把玄都观和大兴善寺安排在"九五"高地上的朱雀大街两侧，大兴善寺在东，玄都观在西，作为供奉神圣的场所。

大兴善寺现仍存于西安雁塔区小寨西北角兴善寺西街，但已是明代建筑。该寺始建于晋，初称遵善寺。宇文恺对其进行了扩建，使其占据了靖善坊一坊之地。其名称即来自隋文帝被周初封的"大兴公"和坊名"善"字。

隋代开皇年间即有印度僧人那连提黎耶舍、阇那崛多、达摩笈多等先后来华传授佛法并翻译佛经。唐玄宗开元年间又有开元三大士之称的印度高僧善无畏、金刚智、不空先后在此翻译佛教密宗经典，此处为长安三大译场之一。大兴善寺也被日本真言宗尊为祖庭。

上九爻《象传》说：

亢龙有悔，盈不可久也。

意思是物极必反，就好比日过正午，开始西沉。
相当于此爻的第六道高地即大雁塔黄土梁。

也许正应验了《乾》卦这一爻的爻辞"亢龙
有悔"，由于没有很好地考虑当时社会发展的需
求，宇文恺设计的这座新城城市规模过大，超越
了时代的要求。其城南四列里坊，经过隋唐两代
三百多年的时间，始终没有多少住户，非常冷落
荒凉。正如宋敏求所说：

> 自兴善寺以南四坊，东西尽郭，虽时有
> 居者，烟火不接，耕垦种植，阡陌相连。
> （《长安志·唐皇城》）

这里成了都市中的一大片庄稼地。

如果把隋大兴城内的建筑物绘制成立体透视
图，则高低错落的建筑艺术特色十分明显。那就
是宫殿最高，政府机关次之，寺观和要人住宅又

隋唐长安城中的六爻地形示意图（李令福绘）

次之，最下层是一般居民的住宅，立体空间感强烈，层次分明。本来高低不平的地形对都市建设来讲并不有利，但经宇文恺如此设计以后，反而为大兴城增添了不少光彩。

隋朝灭亡后，唐朝将大兴城改名长安城，又称"西京"。唐长安城完全沿袭了隋大兴城的规划，保留了三城、两市的布局，只在原城基础上进一步扩建和修缮。

大兴城的修建不仅是中国古代城市建设规划高超水平的标志，也是当时国家的经济实力和科技水平的综合体现。它的设计和布局思想，对中国后世的都市建设及日本、朝鲜都市建设都有深刻的影响。如日本飞鸟、奈良时代的都城藤原京、平城京，就是仿效大兴城的布局特点而建造的。

平城京东西三十二町，南北三十六町，每隔四町均有大路相通，形成整齐有序的棋盘状。宫城也是位于城北正中，四周以官衙和贵族邸第围绕，明显地体现着大兴城的特征。大兴城也为以后国内各代都城建设树立了样板。

## 二、八卦城——新疆特克斯城

（一）特克斯城是世界上最大、最完整的八卦城

在新疆伊犁河上游的特克斯河谷地东段，距

伊犁哈萨克自治州州府伊宁市 116 千米处，有一颗美丽的草原明珠，它就是特克斯县城。它保持着多项中国之最：中国西域最大游牧古国——乌孙国的所在地，中国现存乌孙古墓最多的地方，中国古代有史记载的第一位公主远嫁的地方和远嫁公主最多的地方，中国古代最大的赛马场——"汗草原"所在地，中国古代汉王朝与西域游牧古国和亲时间最长、来往最密切的地方。不仅如此，它还是世界上唯一的乌孙文化与《周易》文化交织的地方，拥有世界上最大、最完整的八卦城。

中国有多处被称为八卦城的地方，如河北省蓟县下营长城风景区的八卦城黄崖关（近黄崖关景区），因城内街道不作横竖贯通的棋盘式布局，而是由数十条死巷、活巷、丁字路错位构成，称"八卦街"，遂称之为八卦城。再如辽宁省东部的桓仁县城，据说最初是将县城选址于浑江西岸六道河子荒沟门，但因当时的县令章樾一日出巡，登上五女山游览，在五女山点将台俯瞰浑江、哈达河时，看到了两条河流交汇形成的天然太极图

新疆特克斯城全景

形，遂将城址移至浑江东岸，在太极图的阳极中
建成八卦桓仁城：

> 城像八卦，以宣八风，门开三光，以立
> 三才。（章樾《初建怀仁县碑记》）

30 可惜此城已基本不存了。以上这些八卦城，虽说
号称"八卦城"，但在构型上和八卦图毕竟还有不
小的差距。

　　而新疆特克斯城则是我国唯一一座完全参照
八卦图设计、建筑的八卦城。据传说，早在南宋
嘉定十三年（1220），道教全真七子之一、龙门派
教主"长春真人"丘处机应成吉思汗的邀请前往
西域，途经特克斯河谷时，见这里背靠连绵起伏、
巍峨峻拔的乌孙山，面临波涛奔涌、回环宛曲的
特克斯河，周围有坡势舒缓的低山环绕，是一处
藏风聚气的风水宝地，遂以《周易》"后天八卦
方位"确定了离南、坎北、震东、兑西四个方位
（风水用语，实际上就是用罗盘测定了东西南北四

个方向）。当时建了个什么样的城，或者有没有建，现在都很难考证了。直到七百余年后的1936年，精通易理的伊犁屯垦使邱宗浚来到特克斯，又重新发现了这块"风水宝地"。

（二）特克斯八卦城是一块风水宝地

在中国传统的风水理论中，大到城址、宫殿，小到阳宅阴宅，其理想的建筑基址应是有四神相应，即左有青龙，右有白虎，前有朱雀，后有玄武。具体来说，基址应坐北朝南，背后凭靠气势宏伟的祖山，左右有环抱有情的护山（风水上又称之为"砂"），前方地势开阔，远处有地势低缓的案山和更外一层相对高大的朝山。如此即形成一个四周有山环抱、负阴抱阳、相对封闭的空间。其间还应有水势平缓、回环曲折的河流穿过。

展开一下我们的想象空间，这样的风水宝地就好比是皇帝的朝堂，玄武山就是龙椅的靠背，当然要稳固；左右龙虎山是两边的扶手，帮扶要有力；明堂是龙椅前宽敞的活动空间，局促不得；朱雀即前方的办公桌，案山即书案，宽大平坦；

朝山就好比是下面的朝臣，以向上拱手俯首为妙。

用现代科学观念来分析，这样的地理环境无疑也是一个很好的自然生态环境。背山可以阻挡冬季寒风，前方开阔可以得到良好日照，可以接纳夏日凉风；四周山丘可以提供木材、燃料，山上植被既能保持水土防止山洪，也能形成适宜的小气候；流水既保证了生活与农田灌溉用水，又适宜水中养殖。

特克斯八卦城就是具备这些风水要件的一块宝地，具有文化象征意义的玄武、朱雀、青龙、白虎、朝山、案山、明堂、水口等，在这里都有十分完整的体现，并且从形、势、位、神、韵等方面去衡量它，都可以称之为精品。

1. 玄武

在八卦城北侧有一座凹形的山，叫乌孙山，海拔3500米，在县境内东西长142千米，南北宽33千米。因为这里在公元前1世纪就是西域大国——乌孙国的夏都所在地，汉代细君公主和解忧公主远嫁乌孙国后，就生活在这里。该山自东北

**特克斯卫星定位图**

迤逦至西北环绕八卦城，山势按风水的"寻龙九势说"，是一条标准的"回龙"。它形势蟠迎，朝宗顾祖，如舐尾之龙。"龙首"在东，似饮似吟，磊落低昂；"龙尾"在西，缠山回转，回顾有情；北方则如"龙身"，势顺形动，或闭迹藏踪，或见形露骨，欲进复却，欲止又行。

2. 朱雀

朱雀又有案山、朝山之分。八卦城的朝山是

乌孙山（玄武）

县城正南方的山峰木孜套峰（哈萨克语，意为冰川峰），它是天山山脉贴尔斯开套山（哈萨克语，阴坡山）的主峰，海拔4902米，终年积雪。由于山峰的形象特别像"山"字，两侧有两个凹槽，所以风水师称之为朝山的精品"笔架形朝山"。八卦城的案山在朝山的北面，是一块地势平坦的台地，当地人称为阿特恰比斯（哈萨克语，意为赛马场），是标准的一字形书案山。更为奇特的是，整个县城正南方的山势酷似孔雀开屏，以木孜套峰为头，博孜阿德尔山和迈特格尔为两翼，以阿特恰比斯台地为尾。如果是晴天，站在县城中心的观光塔上一眼望去，看得非常清楚，惟妙惟肖，非常逼真，并能看到雪山、森林、峡谷、草原。如果有幸的话，用望远镜还可能看到雪山及森林里的各种珍贵的野生动物。朝山和案山的形和势，正与风水理论"两水夹来为特朝""前面有案值千金，最喜三台玉几形"的要求相吻合。所以八卦城的朝山木孜套峰可称为特朝山，因为它刚好处在特克斯河和阔克苏河的中间部位。八卦城的

《周易》 与中国建筑

36

阿特恰比斯(朱雀)

案山阿特恰比斯又是"三台玉几形"的一字形书案山，可谓"外锁千重，不如眠弓一案，一案能藏百煞"。

## 3. 青龙与白虎

风水理论中以穴前左边之山为青龙，右边之山为白虎，龙虎为卫穴之山，用以保生气而收堂气。其山要若翼而抱，若夹而侍，若卫而护。青龙蜿蜒，白虎驯服。也就是说青龙山要蜿蜒曲折，活泼舒展。白虎山要如同家犬驯服而不扰。而八卦城的两座护山，左面的达更别勒山和右面的阿腾套山恰恰如此。

达更别勒山（哈萨克语，意为马脖子山）在特克斯河的"S"湾里的东边，连绵起伏，低昂回转，尾在东，头在西，酷似龙在阔克苏河和特克斯河交汇处戏水。龙的头、身、尾、爪都能看得非常清楚。该山在县城东侧，海拔高度为2305米，东西长46千米，南北宽6千米。

阿腾套山（哈萨克语，意为马山）在县城西侧15千米外。为什么叫马山呢？一是山的形状酷

《周易》与中国建筑

38

达更别勒山(青龙)

似一匹卧着的马，二是山上的牧草特别适合马的生长需要，著名的汗血宝马就产在这一带。至今在哈萨克民族心目中最崇拜的英雄"哈班拜"，他每次出征前都要到这里征集战马，打完胜仗回来后，还把战马放回该山进行放养，以备再用，所以当地人习称它为马山。该山海拔高度为2140米，东西长24千米，南北宽15千米。

4. 水口

所谓水口，就是这个环境的水的入口处和出口处。在八卦城的南面有一条弯环曲折的河流——特克斯河，它是一条国际河流，发源于哈萨克斯坦国，途经中国新疆的昭苏、特克斯、巩留三县，沿线有多条支流并入其中，年径流量80亿立方米。它由特克斯县城西侧的白虎山流来，环绕县城后向东流，再环绕县城东侧的青龙山，汇入恰甫其海水库后流入伊犁河。

古人认为，"天不足西北，地不满东南"，西北方地势高亢为"天门"，东南方低下为"地户"。水口的进口要宽，出口要窄，出口要犬牙交

阿腾套山(白虎)

错，欲去而却。水流方向要是能从西北流向东南为最佳，称之为天门开，地户闭。而特克斯河的流向西北至东南，进口由几十条支流组成，符合进口宽的要求；出口在恰甫其海水库的大坝处，符合出口要窄、犬牙交错的要求。

（三）特克斯八卦城的兴建

1931年，民国政府在特克斯设立设治局，将局治所设在特克斯和昭苏（当时昭苏尚未从特克斯析出）之间的科布（今齐勒乌泽克乡阔布村，科布是哈萨克语，意为干沟）伊昭公路旁，距今县城西部9千米处。阔布当时是特克斯设治局（含今昭苏县境）的仅有的六个村落之一，有人口千余，在当地已算是"繁华之地"了。将局治所设在位置居中又有交通主道穿过的科布也较为合理。但随着政治经济形势的发展，阔布越来越凸现出它的局限性。它背靠丘陵，前面紧濒特克斯河，地域狭窄，并且遇雨成灾，无雨变沟，没有发展的空间，不宜建城。

1936年冬，伊犁屯垦使兼警备司令邱宗浚

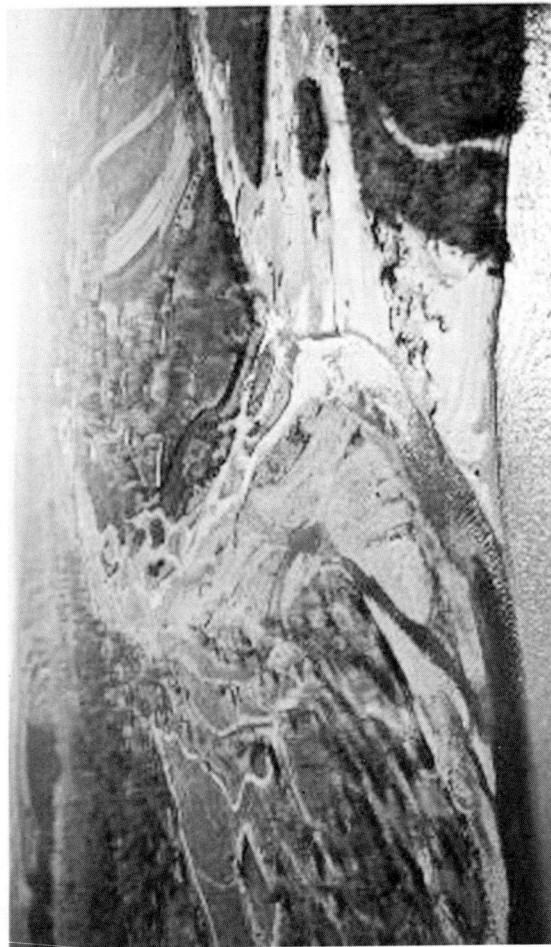

特克斯河(水龙)

（盛世才的岳父）来特克斯视察时，决定迁城。他带领原苏联技术员、风水先生、千户长、阿訇和当时的有关官员一行二十多人，沿着特克斯河流域进行勘察选址。经过长途跋涉，当他们勘察到八卦城现址时，见这里坐北朝南，背靠形势蟠迎、朝宗顾祖的乌孙山；面迎湾环曲折、色碧味甘的特克斯河；河南岸更有阿特恰比斯台地，土地肥沃，水草茂盛，地域开阔，逐渐向南延伸，与群山相连；更远的南面是连绵起伏的群山，其中在正南方的是天山山脉包扎墩山的主峰——木孜套峰；东侧有达更别勒山，西侧是阿腾套山，东西两山绕抱拱揖，既能阻拦外风，又能内增气势，真是一个四面环山、依山傍水、山环水抱、阳光充沛、冬暖夏凉、空气清新、土地肥沃、青山绿水、浅岗长阜、平坂深壑、澄湖急湍的好地方，遂决定在这个地方建城。建成什么样的城市呢？邱宗浚老先生心里早就有了主意。他熟读《周易》《老子》，取《周易》"天地交而万物通，上下交而其志同"之意，把城市设计成了八卦城，希望在这个地方能形成一个人与自然、人与人相互和谐，多民族团结融合、上下一心的社会，以实现儒家理想中的"大同"。

据记载，当时这里是灌木林，邱宗浚首先命人把沿路的灌木林砍掉，以便于打桩放线。由于当时没有那么长的绳子，他就命人到阔布村买来了一捆布，撕成布条连接成长长的布条绳。地上草根和灌木根较多，不便行走，他就命人调来耕牛，用犁铧把杂草犁掉，并垫上砂石料。就这样用牛拉犁犁出了八卦城街道的雏形。

新城以城市中心的八卦广场为太极和"阴阳"两仪，按八卦方位向外辐射八条主街，每条街根据八卦方位分别命名为乾、兑、坤、离、巽、震、艮、坎。主街长 1.2 千米，每隔 360 米建设一条连接八条主街的环路，由中心向外依次共修建了四条环路。一环八条街，二环十六条街，三环三十二条街，四环六十四条街，六十四条街就相当于《周易》的六十四卦。整个县城形成路路相通、街街相连、神奇迷宫般的街道布局。历时两年，

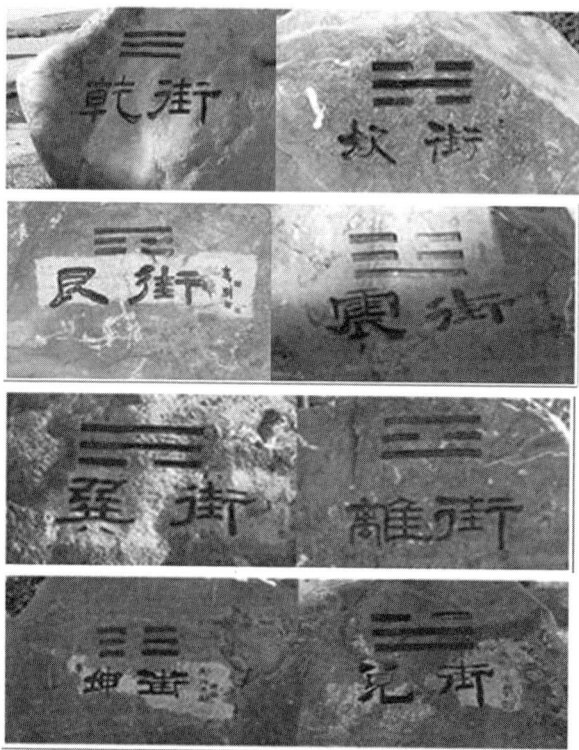

八卦城建成了。县城呈放射状圆形，面积8平方千米，以"建筑正规，卦爻完整，规模最大"而荣膺世界"吉尼斯"之最。

由于当时来这里居住的人较少，他将二环以内按照八卦的要求，分给各单位和商业网点；二环以外、三环、四环和六十四条街，根据上交牛羊的数量，分别划分给了牧主和牧民。20世纪30年代形成的放射性道路布局，一直保留延续到现在。

（四）特克斯八卦城是一座宜居城

传统的风水理论造就了今日的八卦城舒适的人居环境。中央文史研究馆馆员、山东大学易学与中国古代哲学研究中心主任刘大钧教授，在观看了八卦城的选址及生态环境后，欣然撰联：

祥云浮游特克斯，天风鼓吹八卦城。

诚如刘大钧先生所言，八卦城的地理位置确实得天独厚。它的北面有乌孙山的围护（玄武），阻隔了冬天西伯利亚的冷空气；它的南面伫立着天山山脉（朱雀），海拔高度4902米，终年积雪，隔绝了塔里木盆地的沙尘暴和热浪，造就了八卦城冬暖夏凉的气候条件。

八卦城左边的达更别勒山（青龙）和右边的阿腾套山（白虎），阻止了河道峡谷的侧风。不仅如此，由于八卦城处于两个局域性热环气流的中间，形成了八卦城的奇特风向，早晨为西风，下午为东风，中午为静风，每天如此。如果改变了风向，那肯定是下雨天，所以八卦城的人们只要留意风向都能预报天气，人人能当气象专家。

特克斯河及其支流的80亿立方米水，更使特克斯水能资源特别丰富，既能发电，又能灌溉，还是八卦城的天然加湿器，奠定了特克斯农业丰收和水能开发的基础。

由于八卦城四周是雪山、森林、草原和水系，因此造就八卦城的相对湿度是人类居住最理想的湿度，相对湿度为67%（理想标准为60%—70%之间）。湿度高了，人们就会感觉太潮湿；湿度低了，人们就会感觉太干燥，造成嘴唇开裂、耳鸣等不良反应。八卦城四周青山绿水，其空气洁净度和负氧离子含量都达到人类居住的理想标准，所以八卦城还是天然的氧吧。

八卦城的坡度是规划师所期望的理想坡度6‰，使其成为世界上唯一一个在供排水上没有二级泵站的城市。整个县城西北方向高，东南方向低，一个扇面，没有起伏。县城的供水场设在西北方向的五环外制高点，将泉水汇集在清水池，为整个县城供水。污水处理场设在东南方向的最低点。由于坡度适中，供水和排水既不需要加压，也不需要减压，所以不需要二级泵站，特别节约成本和能源。

特克斯八卦城在依据古典堪舆理论选址的基础上，又效法《周易》的八卦和六十四卦的原理，并吸收了近现代地质勘探和城市选址的科学理论，使特克斯县城成为"中国城市规划建设史上的一个精品"。其一心居中、轴轴递进、路路相通的放射性格局，与周边的山川形胜巧妙结合，构建了

特克斯周边美丽的草原风光

一个理想的城市模式。边疆各族人民能生活在这样一座"圆城"中，和睦共处，可谓达到了"天人合一"的至高境界。如果你坐车或徒步在城中走马观花地溜达一圈，第一印象恐怕是特克斯不过如此，并不像人们说的那样神秘。但是，只要你登上城中心五十多米高的八卦观光塔，甚至乘飞机在城市上空鸟瞰，立刻就可以领略到这座县城的魅力：青灰色的街道、绿色的草地纵横交错，整座城看起来就如风水先生手里拿的一个八卦罗盘。

八卦城有一奇：城市马路上没有一盏红绿灯。根据专家和学者提议，既然各道路环环相连、条条相通，那么对一个县城来说是不会塞车和堵路的，车辆和行人无论走哪个方向都能够通达目的地。有关部门1996年取消了道路上的红绿灯，八卦城由此成为一座没有红绿灯的城市。*

---

\* 承蒙原特克斯县政协专职常委、建设局局长靳文涛先生提供八卦城的宝贵资料，特此致谢！

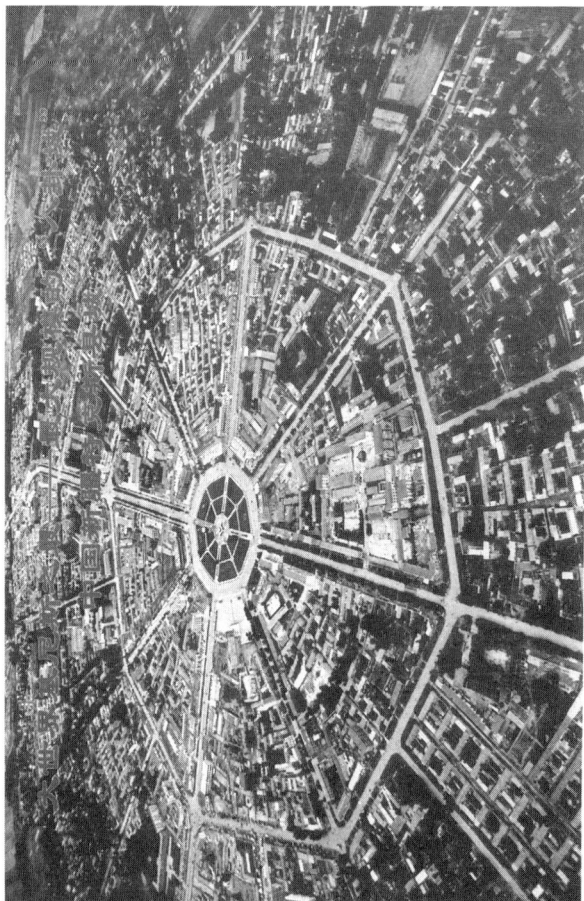

特克斯斯格局图

第一章　《周易》与中国古代城市的兴建

# 第二章　北京故宫设计和建造中的易学原理

作为一座被称为"地球表面上，人类最伟大的个体工程"（E. N. Bacon）的历史名城，北京每年都吸引着众多来自世界各地的游客。

如果你像欣赏其他大自然的风景一样游览北京城，一路走马观花地看过去，也许你会时时被她那或宏伟或精巧的建筑所感动。但你若没有仔细考究这些建筑背后的深刻内涵，就白白浪费了你的旅费，就好比中国成语"买椟还珠"里讲的那个故事。

北京城的古建筑就好比那个包装了美丽木盒

1920年的北京城墙和护城河（Sidney D. Gamble著《北京社会调查》
[ *Peking:A Social Survey* ]，New York：George H. Doran，1921）

第二章　北京故宫设计和建造中的易学原理

的宝珠，不仅外表很华丽，内涵更珍贵。下面我们就从易学的角度带您领略一下北京城古建筑众多内涵中的一个方面。

易学在绵延几千年的发展历程中，充分吸收了中国传统文化中各家各派的思想，到明清时期已成为一门包容儒、释、道，涵涉天文、地理、音律、算术甚至道士炼丹术的庞杂思想体系。同时，易学又反过来影响了中国传统文化的方方面面。在建筑方面，明清时期的北京城就是受易学文化影响的最好例证。

十分可惜的是，20世纪五六十年代，北京城的城墙绝大部分被陆续拆除了，只留下零星的断垣残壁，原有的47座城门城楼、箭楼和角楼，如今只有3座残存下来。城内的建筑也大多被陆陆续续地拆除、改造，只有很少一部分有特色的建筑被保留下来，如故宫、天坛、地坛、日坛、月坛等。但即使从这些保留下来的建筑中，我们也可以处处感受到《周易》的影响。

1910年时的天安门（Burton Holmes著《从阿穆尔到北京紫禁城》［*Down the Amur, Peking, the Forbidden City*］,Chicago：Travelogue Bureau,1901）

第二章　北京故宫设计和建造中的易学原理

从景山俯瞰紫禁城（Burton Holmes 著《从阿穆尔到北京紫禁城》［*Down the Amur, Peking, the Forbidden City*］，Chicago: Travelogue Bureau, 1901）

# 一、故宫"居中得正"与《周易》"正" "中"思想

　　打开北京地图，找到二环路，我们就可以看到，整个二环路就像汉字的"凸"字形。这就是明清时期北京古城的模样，二环路就是把原城墙拆除后修建的。这"凸"字形古城的上半部分称为内城，下半部分称为外城。两部分并不是同时建成的。

　　内城建城较早，它是明朝初年（约1420）在元大都的基础上参照明初都城南京城和明朝中都（安徽凤阳）的设计方案建设起来的。外城建城较晚，它是在明朝后期嘉靖年间（1560年前后）建设起来的。外城原打算利用金、元时期的旧城，绕内城再建一圈新城，以加强内城的防御，后由于明政府的财力所限，只建成了现在这个样子。

内城又被称为"紫禁城"，就是现在的故宫，取法的就是北极星所在的天之正中的紫微垣。紫禁城内设有七颗赤金顶，分别是五凤楼四颗，中和殿、交泰殿、钦安殿各一颗，对应天上的北斗七星。

紫禁城是明清两朝皇帝居住、施政的地方，其建筑规划和装饰充分融合了中国古代的八卦、五行思想，将建筑的使用价值与象征意义完美地结合在一起，为之赋予了丰富的文化内涵，体现了设计师深厚的文化底蕴和非凡的设计能力。其设计思想的核心就是取法《周易》的"中正"思想。

《周易》中特别崇尚"正""中"。它不仅是指位置的居中和形体的端正，更重要的是指人的行为要光明正大，做事要不偏不倚，既不过火，也不欠缺。比如蒋介石的名字，其含义体现的就是《周易》的中正思想。蒋介石名介石，字中正，其出处就是《周易》的《豫》卦六二爻：

介于石，不终日，贞吉。《象》曰："不
终日，贞吉"，以中正也。

古人一般都把这一爻阐释为正直而不同流合
污的品德坚如磐石，不终日沉迷于享乐，能守正
必获吉祥。

古人认为，皇帝是"皇天之子"，是受上天委
派到地上统治下民的，皇帝坐朝理政的地方，也
应像天帝所在地紫微垣那样，位于皇城的正中，
居中正坐，这样才能显示出皇帝的尊严。因此，
皇城皇宫就被建在了古都北京的中轴线上，这条
南北中轴线就是永定门、正阳门、天安门、午门、
神武门、鼓楼、钟楼一线。

北京古城以中轴线为轴线，东西城对称布局。
这从北京城的一些地名上也可体现出来，如东单、
西单，东四、西四，东直门、西直门，东便门、
西便门，左安门、右安门等。

这种设计很容易就让我们联想到皇帝上朝理
政时的阵势：皇帝居中面南正坐，文武大臣分列

《周易》与中国建筑

60

乾清宫

两边，左文右武。

细究起来，左文右武的排列也是有讲究的。在古人看来，皇帝的左为东，是太阳升起的地方，为阳，象征万物出生、成长；右为西，是太阳落下的地方，为阴，象征万物衰败、死亡。文官助理皇帝治理天下，促进国家繁荣昌盛，故列于皇帝之左；武官替皇帝平暴乱，征不服，故列于皇帝之右。

为了强化皇帝居"中"得"正"的观念，古城的设计者在规划、修饰紫禁城时，重点利用了易学发展过程中所吸收的中国传统"五行"观念。

从某种程度上来说，"五行"是中国人对宇宙万物按属性进行划分的一个分类体系，即宇宙万物（包括精神的和物质的）都可按属性划分为"金、木、水、火、土"这五大类。为了便于大家理解，我们把古代几种常见的"五物"与五行的对应关系列成下表：

| 五行 | 方位 | 五色 | 数字 | 节 | 五感 | 五官 | 五脏 | 五味 | 形体 | 五音 |
|---|---|---|---|---|---|---|---|---|---|---|
| 木 | 东 | 青 | 三、八 | 春 | 怒 | 目 | 肝 | 酸 | 筋 | 角 |
| 火 | 南 | 赤 | 二、七 | 夏 | 喜 | 舌 | 心 | 苦 | 脉 | 徵 |
| 土 | 中 | 黄 | 五、十 | 长夏 | 思 | 口 | 脾 | 甘 | 肉 | 宫 |
| 金 | 西 | 白 | 四、九 | 秋 | 悲 | 鼻 | 肺 | 辛 | 毛 | 商 |
| 水 | 北 | 黑 | 一、六 | 冬 | 恐 | 耳 | 肾 | 咸 | 骨 | 羽 |

62

在五行学说中，五行之间又有相生或相克的关系。相生如水生木，木生火，火生土，土生金，金生水；相克如木克土，土克水，水克火，火克金，金克木。相生、相克同时存在，相互影响，维持了世间万物的总体平衡。

我们知道，紫禁城分外朝和内廷。外朝以太和殿、中和殿、保和殿三大殿为中心，以文华殿和武英殿两殿为两翼，是紫禁城中最壮观的建筑群。

太和殿又称"金銮殿"，是新皇帝即位登基之地，也是皇帝册立皇后、派将出征以及每年元旦、冬至、皇帝生日三大节日及国家其他重大庆典时，皇帝举行仪式和百官朝贺的地方。

1918年11月28日，北洋政府在太和殿前广场举行盛大阅兵式。（Sidney D. Gamble 著《北京社会调查》[*Peking：A Social Survey*]，New York：George H. Doran，1921）①

中和殿在太和殿之后，是皇帝在举行大典之前暂坐休息和接受内阁大臣贺礼的地方，皇帝在此接

---

　　①　第一次世界大战期间，北洋政府曾于1917年8月提出要对德奥宣战，但由于国会解散，宣战案一直没有正式通过。直到战争结束前六天，宣战案终于获得通过，未发一兵，中国在最后一刻成为战胜国的一员。11月28日，恰逢西方感恩节。北洋政府在太和殿前广场举行了盛大的阅兵仪式。新任大总统徐世昌在战胜国公使团的簇拥下检阅了战胜国驻华军队方阵。

受完百官祝贺后再去太和殿。

保和殿在中和殿后，其用途曾数度变迁，清朝皇帝曾在这里册立过皇后、太子，也在这里接受过大臣上表、祝贺。

从清朝乾隆年间开始，保和殿拥有了一项更加重要的职能，成为中国科举考试的最高一级殿试的考场。能够到这座宫殿内参加考试的考生，都是从全国众多学子中层层选拔出来的。

一个读书人，首先要在乡里考中秀才。中了秀才才算是真正的读书人，到县里见县官就不用跪了。秀才要去省会城市参加"乡试"，考中为举人。举人就可以做县令之类的小官了，社会地位也会得到很大的提升。举子们还要到京城的国子监去考"会试"，然后才有资格到这座宫殿参加"殿试"。

"殿"就是指保和殿。殿试每三年举行一次，由皇帝亲自主考。从早上考到晚上，整整一天。阅卷工作全部结束后，所有参加殿试的贡生们云集于太和殿前广场，皇帝亲自在大殿上宣读前三名的名字。第一名称为状元，第二名称为榜眼，第三名称为探花，其他被录取者称"进士"。前三名可以从午门正中的门洞走出紫禁城，表示皇帝对他们的恩宠。

从上可以看出，这三大殿是当时国家政治的中心，是全国的心脏。为了突出这里是"天下之中"的观念，故宫的设计师运用了多种手法来强调这一点，其核心则是运用"五行"学说。

首先，从方位上来说，东为木，南为火，西为金，北为水，土居中央。皇帝居中正坐，五行属中央土。象征皇权的三大殿是外朝的主体建筑，均建在三层汉白玉台基之上，周围环绕着白石栏杆，且三个基座连成一体，由北向南、从上向下看来，正好组成一个"土"字形，象征着这里是天下的"中"中之中。

在这三大殿中，太和殿又是体量最大、等级最高的建筑物。其建筑规制之高、装饰手法之精，堪称中国古代建筑之首。抬眼望去，我们可以看到，在太和殿的岔脊上，整齐排列着十个小兽，名为龙、凤、狮子、天马、海马、狻猊、狎鱼、獬豸、斗牛、行什。这些小兽的排列顺序在古代有着严格的规定，而且按照建筑等级的高低，数量上也有不同。

　　太和殿是中国国内唯一用十个小兽的宫殿建筑，是小兽使用数量最多的，其他古建筑上一般最多使用九个。乾清宫、中和殿、保和殿是九个，其他殿上的小兽按级递减，就连故宫第一门的天安门上也只用了九个。

　　太和殿用十个，除了标示其等级之高、地位之尊外，更有数理上的考量。在十进制中，十是首个自然数序列中最大的一个数。在《周易》的"河图"五行数中，"十"属"土"的成数，位居中央。这里用十个小兽，是从五行数的角度，强调这里"中"的尊贵地位，突显皇帝至高无上的威权。

　　从颜色上来说，五行中"土"为黄色。由于人们尊"中"尊"正"，黄色也渐渐成为尊贵之色。大概至唐朝时，黄色成了帝王的专用色。后

保和殿

第二章 北京故宫设计和建造中的易学原理

来，人们就约定俗成地改"黄"为"皇"，黄色也就为皇家专用了。皇帝乘坐的车称为皇屋，发出的文告称为皇榜，连宫廷的专用酒的酒封也特定为用黄色的布，皇家建筑的屋顶都用黄色的瓦。

这一规定据说始于宋代，到了明、清两朝时有了更加严格的界定，只有宫殿、帝王陵和奉旨而建的坛庙才可以使用黄色琉璃瓦。其他人如果胆敢擅自使用，将被处以极刑。

所以，我们从高处看，今天的故宫简直是一片金碧辉煌的世界。象征皇权的三大殿、宫门以及皇帝生活的后宫的顶瓦都用的是黄色琉璃瓦。黄色成为紫禁城的主色调，其用意也是在昭示天下这里是"中心"的地位。

不过，皇宫中除了皇帝及其服务人员外，还生活着众多的皇子皇孙们，也有一些建筑有特殊的用途，这些方面都要从建筑的设计上体现出来，其目的也是要突显皇帝的尊贵。

都是黄澄澄的一片，一样的尊贵，怎能显现出等级差别呢？所以，故宫顶瓦的黄色主色调中也有其他配色，具体表现在明代建成之初的文华殿、清代建设的"南三所"和收藏第一部《四库全书》的文渊阁。

我们现在看到的文华殿也是金黄色的琉璃瓦顶，但它建成之初并不是这样的。文华殿始建于明初，位于三大殿的东部，与武英殿东西遥对。因其位于紫禁城东部，且一开始是作为皇太子的办公场所，而太子比皇帝低一级，这在办公场所上也要有所体现。从"五行"上来说，东方属木，色为青，表示生长，所以太子使用的宫殿屋顶就被设计成了绿色琉璃瓦，象征皇家后嗣犹若春天的草木一样蓬勃成长，生生不息。

明代因众太子大都年幼，不能参与政事，嘉靖十五年（1536），文华殿被改为皇帝使用的便殿，屋顶也随之改为黄色琉璃瓦顶。

明末李自成攻入紫禁城后，文华殿建筑大都被毁。清康熙二十二年（1683），又在原址上依原样重建了文华殿。

乾隆十一年（1746）在文华殿的东北、宁寿

南三所

宫以南兴建了三所作为皇子居所的院落，俗称"南三所"，其顶瓦也被设计成了绿色琉璃瓦，也是取义于此。

清代乾隆年间，在文华殿的北面修建了作为皇家藏书楼的文渊阁，它的样式仿制的是浙江宁波范氏天一阁。外观为上下两层（腰檐之处设有暗层），面阔六间，各通为一。青砖砌筑的两山墙直至屋顶，黑色琉璃瓦顶，绿色琉璃瓦剪边。

文渊阁如此设计安排，都是有深意的，也是充分发挥了"五行生克"的原理。

藏书楼最怕的是失火，而水是古代灭火、防火的不二之选。从五行上来说，北方属水，其色为黑，和数字对应的是天数一、地数六，所以文渊阁被建在了文华殿北面，采用了黑色顶瓦，所有这一切都寓意着要用"水"制灭"火"患。而且，阁前凿一方池，引金水河水流入，池上架一石桥，石桥和池子四周栏板都雕有水生动物图案，灵秀精美。这既映衬了文渊阁整体建筑的美感，又大大增强了防火用水的方便实用性。

文渊阁

紫禁城中除了熠熠闪光的金黄色琉璃瓦外，给人留下深刻印象的恐怕就是紫禁城的宫墙、檐墙、门、窗、柱、框的油饰皆为红色。为什么这些东西都要用红色呢？从"五行"上来说，红色为火，火生中央土。这些红色的墙、门、柱、窗、框，托着金黄色的屋顶，寓意"火生土"，寄寓着皇帝的天下基业稳固的含义。

　　除了这红墙金瓦外，游览故宫的你可能还会注意到，故宫的三大殿、两宫及御街均无花草树木，也很少用绿色装饰，这又是为什么呢？

　　其实，这也是根据五行思想做出的特意安排，目的是不要把"居中得正"的皇帝给妨碍了，以免皇帝的身体有害或江山不稳。

　　因为在五行的相克规则中，"木"是克"土"的。"木"的颜色为"青"，即"绿"的意思。为了防止"木"克中央"土"，皇帝生活、办公的区域就不要有和"木"沾边的东西出现了。

## 二、《周易》与皇宫三大殿三大宫的命名

　　从人的命名上，我们可以感受到非常明显的东西方差异：西方几亿人共用那二三百个固定的名字，而且这些名字也大多取自《圣经》、神仙、自然万物等，没有太多的含义在里面；中国人取名则要复杂得多，成千上万的汉字搭配组合成千变万化的名字。而且，中国人不仅讲究名字的独特性，尽量避免和别人重名（当然，由于人口基数大，历史又悠久，重姓名的人还是很多），更讲究名字的含义。男名多中正阳刚，女名多柔静秀美，充分寄托了父母对孩子的期许。

　　在建筑物的命名上，东西方也有类似的差别。白宫、五角大楼、洛克菲勒中心大楼、白金汉宫、凡尔赛宫等等，大都以建筑物的特点或所有者命名，简单明了。中国人对建筑物的命名，更强调

其文化内涵，这一点在故宫建筑物的命名上体现得更明显。

作为皇家宫殿，立名是第一要务。北京故宫在立名上，也更多地受到了易学思想的影响。

上文我们说到了"土"字形基座上的前朝三大殿，即太和殿、中和殿、保和殿。在太和殿的前边，南为太和门，东为协和门，西为熙和门。在三大殿之后是皇宫内廷后三宫，即乾清宫、交泰宫、坤宁宫。三大宫南为乾清门，北为坤宁门，东为日精门，西为月华门。

内三宫是帝后生活居住的地方。乾清宫是内廷的正殿，是明清两朝皇帝的寝宫，也是皇帝日常活动和平时处理政务的地方。每年元旦、灯节、端午、中秋、冬至、皇帝生日等节日，皇帝在此举行皇族家宴。

交泰宫在乾清宫之后，是皇后每逢大典及生日接受祝贺的地方，每年的亲蚕仪式就在此殿举行。

坤宁宫位于交泰殿后，原为皇后的寝宫，后

改为祭神（西间）和皇帝大婚（东间）之所。

如此重要的宫殿及其门阙用"太和""中和""保和""协和""熙和"与"乾清""坤宁"命名，足见"和""乾""坤"几字在皇帝心目中的地位。

"太和"两字取自《周易·乾·彖》：

> 乾道变化，各正性命。保合太和，乃利贞。

意思是说，乾道（即天的法则）时刻都在变化，在此变化中孕育生成的万物各有各的秉性，各有各的存在价值，各有各的位置。天地间只有保全宇宙太和之气，保持自然界的大和谐，万物方可沿着既定的生命轨道正常发展变化。

"和"即和合、和谐、和睦，"合"即同心合力、协同合作，"中和"即阴阳平衡。只有"和"才能上下合一、万众一心，只有"和"才能天下太平、百姓安居乐业，只有"和"才能使帝王江山永续不断。而乾清宫、交泰殿、坤宁宫的命名和布局更是对《周易》思想的形象概括。

在《周易》中，"乾"代表天、代表君等阳刚性的事物，有广大、刚健的秉性。作为君临天下、坐拥四海的天子，为万民之父母，需刚正清明，故皇帝使用的宫殿以"乾清"命名。

"坤"在《周易》中代表大地，代表母，有慈祥敦厚、柔顺宁静的秉性。皇后为国母，需沉静祥和，坤宁宫为皇后所居，所以以"坤宁"名之。

两宫之间的交泰殿更是对《周易》《泰》卦的形象借鉴。《泰》卦（䷊）卦象是代表地的坤（☷）在上，代表天的乾（☰）在下。

古人认为"天"之气（阳气）轻且清，要往上升；"地"之气（阴气）浊且重，要往下沉。"地"气下沉，"天"气上升，二者正好相交，于是化生出了天下万物。

反之，如果《乾》《坤》二卦的卦象颠倒了，就成了《周易》的《否》卦（䷋），表示"天"

"地"二气背离不交，天下万物就不会繁衍生息。

所以，为皇后参与政事活动而准备的宫殿就被命名为"交泰殿"，目的是要激励皇后全心全意佐理皇帝，为天下的妻子、母亲们做表率，使天下繁荣昌盛。

唯有内廷的东西二门"日精"和"月华"看起来和《周易》似乎没关系，但实际上它们的名称也是来源于《周易》。

在《周易》中，《乾》《坤》《坎》《离》《震》《巽》《艮》《兑》八卦和方位有着对应关系，而且是两种，称之为先天八卦和后天八卦。

在先天八卦中，乾南坤北，离东坎西，震东北、巽东南，艮西北、兑西南。在《周易·说卦》中，离的卦象为日为火，坎的卦象为水为月，而且在道家易学中，有离为日精、坎为月华的说法。如此，皇宫内廷四门南为乾清门、北为坤宁门、东为日精门、西为月华门的来源就非常清晰了——它们均取材于《周易》的先天八卦。

# 三、紫禁城中的易数

中国古代有尊阳抑阴的传统观念。从《周易》阴阳的角度来说，外为阳，内为阴；奇数一三五七九为阳，偶数二四六八十为阴。

在紫禁城中，前朝部分宫殿数量皆为阳数，其台基、开间、门数全部采用了代表阳数的奇数三、五、九，如大清门正中三阙；天安门五阙，重楼九开间，深五开间；端门五阙，重楼九开间；午门五阙，上覆五凤楼；太和门三门九开间，等等。而后寝部分宫殿数量则皆为阴数，如东六宫、西六宫等。

九是阳数中最大的一个数，所以故宫中的许多设计都用数字九作单位，特别是皇帝日常生活或行使权力时所使用的那些东西，如外朝三大殿的高度均为九丈九尺；九龙壁壁面由 270 个塑块组成（含九）；皇宫的佛堂中佛像重81斤，也为九的倍数。另外，从紫禁城的微观器物上看，用九之处也比比皆是：九龙壁、九龙柱、九龙杯、九桃壶、九鼎等等。

在此值得一提的，还有造型别致的故宫四个城角的角楼。关于这四个角楼的建造，北京还流传着这么个传说：

　　　　明朝的燕王朱棣在南京赶跑了他的侄子，做了永乐皇帝以后，周围的舆论环境并不好，人们都在窃窃议论他弑君篡位，于是，他就想迁都到他做王爷时候的老地方北京。他派了亲信大臣到北京盖皇宫，并提出了一项特殊的要求：要在城墙的四个角上，盖四座样子特别漂亮的角楼，每座角楼都要有九梁十八柱七十二条脊。并且说修不好是要杀头的！

　　　　管工大臣到了北京以后，就把八十一家大包工厂的工头、木匠们都叫来，跟他们说了皇帝的旨意，限期三个月，叫他们一定要按期盖

紫禁城西北角的角楼（Burton Holmes 著《从阿穆尔到北京紫禁城》[Down the Amur, Peking, the Forbidden City]，Chicago: Travelogue Bureau,1901）

第二章 北京故宫设计和建造中的易学原理

成这四座特殊的角楼，并且说："如果盖不好，皇帝自然要杀我的头，可是在没杀我的头之前，我就先把你们的头砍了。"工头和木匠们对这样的工程都没把握，只好常常在一块琢磨法子。

三个月的期限一转眼就过去一个月了，工头和木匠们还没想出一点头绪来，他们做了许多样型，都不合适。

这时候，正赶上六七月的三伏天气，热得人都喘不上气来，加上心里烦闷，工头和木匠们真是坐也不是，躺也不是。有这么一位木匠师傅，实在待不住了，就上大街闲遛去了。

走着走着，听见老远传来一片蝈蝈的吵叫声，接着，又听见一声吆喝："买蝈蝈，听叫去，睡不着，解闷儿去！"走近一看，是一个老头儿挑着许多大大小小秫秸编的蝈蝈笼子，在沿街叫卖。其中有一个细秫秸莛（高粱穗下的细长秸秆）做的蝈蝈笼子，精巧得跟画里的一座楼阁一样，里头装着几只蝈蝈。

木匠师傅想：反正是烦心的事，该死的活不了，买个好看的笼子，看着也有趣儿。于是就买下了。他提着蝈蝈笼子，回到了工地。

大伙儿一看就吵嚷起来了："人们都心里怪烦的，你怎么买一笼子蝈蝈来，成心吵人是怎么着？"木匠笑着说："大家睡不着解个闷儿吧，你们瞧……"

他原想说你们瞧这个笼子多么好看呀！可是他还没说出口来，就觉得这笼子有点特别。他急忙摆着手说："你们先别吵吵嚷嚷的，让我数数再说。"他把蝈蝈笼子的梁、柱、脊细细地数了一遍又一遍，大伙被他这一数，也吸引得留了神，静静地直着眼睛看着，一点声音也没有。

木匠数完了蝈蝈笼子，蹦起来一拍大腿说："这不正是九梁十八柱七十二条脊吗？"大伙一听都高兴了，这个接过笼子数数，那个也接过笼子数数，都说："真是九梁十八柱七十二条脊的楼阁啊！"

　　大伙儿受这个笼子的启发，琢磨出了紫禁城角楼的样子，烫出纸浆做出样型，最后修成了到现在还存在的角楼。

　　当然，故宫中"九"的使用在有些地方很明显，有些地方则是暗含。比较明显的例子是宫门上门钉的数目，许多宫门都是用的"九路钉"，横竖均为九排，共八十一颗。

　　门钉的数量在古代是有严格规定的。皇帝的宫门每扇门用九路九排八十一颗门钉，亲王用七路七排，下面的皇子等用五路五排。但我们看故宫的门钉数也有例外，如故宫午门的左右掖门以及东华门的中门和左右侧门，就不像其他宫门那样每扇门有九路门钉，而是只有八路。这不是粗心造成的，而是宫殿设计者根据"五行"生克原理做出的特意安排。

　　东华门在故宫的东面，属木，数字九则属金，金克木。如果东华门的门钉纵横数都用九，则"金"太强大，会克制东华门之"木"。古人认为

东华门

第二章　北京故宫设计和建造中的易学原理

这会对东门不利，会引发某种灾祸，所以就采用属"木"的八，加强一下"木"的力量，求得"金""木"的平衡。

同样道理，午门在南面，属火，火克金，如果午门门钉纵横数都用九，金太多，会耗泄南门"火"的力量。但午门中间的正门是专为皇帝开的，其他人不能从此过，是皇帝特权的象征，必须用纯阳的"九"，所以遵循"木生火"的原理，就在左右掖门采用属木的"八"，以增强南门"火"的力量。

从"数"的角度看，太和殿还有一处运用《周易》数理强调其重要地位的地方，那就是大殿开间的数量。

自从六百多年前的明永乐皇帝在太和殿这个地方兴建象征皇权的大殿奉天殿以来，所建大殿都命运多舛，屡屡毁于天灾兵祸。现存的太和殿是康熙三十四年（1695）二月参照嘉靖年间的皇极殿的规模重新建成的，它阔63.96米，深37.2米，高35.05米，建筑面积2377平方米，其规模体量和永乐年间的奉天殿相比，缩小了一半。

太和殿脊上十兽首

第二章　北京故宫设计和建造中的易学原理

这座太和殿虽然在总的体量上基本延续了皇极殿的规模，但其结构和用料都有所改变。原来的皇极殿面阔是九开间，进深是五开间，充分体现了《周易》《乾》卦九五爻"九五之尊"的寓意（说详见前。故宫里还有许多把"九"和"五"结合起来使用体现"九五之尊"的地方，如太和殿、中和殿、保和殿共处的"土"字形大台基，其南北长度为 232 米，东西宽度为 130 米，二者之比也刚好为 9:5；在中轴线上的皇帝用房，都是面阔九间，进深五间，含九五之数）。

皇极殿原来是用产自南方的金丝楠木建造的，经过一次次的火灾，堂堂中国之大也凑不齐那么多合格的楠木了。因此，此次重建太和殿，只好采用产自中国东北大森林里的松木。松木和楠木比起来，硬度上就差了许多。特别是承担椽子的桁条（又称檩），同样的跨度松木比楠木所能承受的重量要小得多。基于此，在保持大殿整个阔度不变的情况下，工匠们只能缩短桁条的跨度，减小房间的宽度，将九开间改为十一开间。

为什么是十一，而不是十三或十五呢？这可不是工匠们敢随便乱改的，这里面也是有讲究的。面阔十一间，进深五间，$11 \times 5 = 55$，也就是说，太和殿的总间数是五十五间。这个五十五就出自《周易·系辞上》：

> 天一，地二；天三，地四；天五，地六；天七，地八；天九，地十。天数五，地数五，五位相得而各有合。天数二十有五，地数三十，凡天地之数五十有五，此所以成变化而行鬼神也。

五十五是天地之数的总和（$1+2+3+4+5+6+7+8+9+10 = 55$），以此来表示这里的主人能顺承天地之道，保佑天下之民。

我们不得不佩服设计者对《易》数运用的巧妙。为了解决九五之尊的问题，设计者巧妙地将东西最里面的两间各砌一道与山墙平行的砖墙，形成独立的夹室，从而使大殿主体相通的部分仍

然是九间。原来皇极殿的两侧建有斜廊，与东西
两边的建筑是连成一片的。现在改为防火墙，使
东西两侧完全隔开，既增强了防火功能，也使主
体建筑更加突出，显得更加雄伟庄严。

# 四、紫禁城中的龙

《乾》卦的卦象有天、君、圆、头等，而且卦
爻辞是借助龙的升腾变化来描述事物的发展变化
的。所以从汉代起，"龙"在中国就逐渐成了帝王
的代用语，到明清时已经非常普遍了，皇帝被称
为"真龙天子"；皇帝高兴了是"龙颜大悦"，发
脾气了是"龙颜大怒"；皇帝的子孙也是"龙子
龙孙"。紫禁城这个"真龙"生活的天地中，到
处充满了龙的装饰品，雕刻的、彩绘的、鎏金的
各形各色均有，柱上的、壁上的、座上的、地上
的举目可见。紫禁城中以龙命名的就有九龙壁、

九龙柱等，就连皇家饮水的杯子杯底也有九龙浮动，名为九龙杯。紫禁城中的龙多得数不胜数，可谓龙的世界，仅太和殿一处，就有各种龙一万四千九百多条。下面我们就以太和殿为代表，领略一下这"龙的世界"。

从太和门走进故宫，首先吸引眼球的恐怕就是那金碧辉煌、威严大气的太和殿殿顶了。在殿顶两端，各有一个高达三米多的龙吻。古人认为龙是雨神，能灭火，将龙吻放置在宫殿屋脊上具有防火灭火的象征意义。

细究起来，太和殿殿顶采用重檐庑殿式大脊一条、重檐间围脊四条，每条脊的两边都有行龙，檐角檐下也有龙，二者共计有 28 条。屋脊上琉璃瓦烧制出的团龙行龙的龙纹计有 2604 条。外檐额坊等处彩绘有龙纹 2068 条，门扇裙板上有贴金的团龙 200 条，前后檐窗上有龙纹 24 条，隔扇及窗的鎏金饰件上有龙纹 3440 条。

再看太和殿的四周，是用汉白玉砌成的三层平台，平台的四周围绕有石栏，石栏中共有雕刻

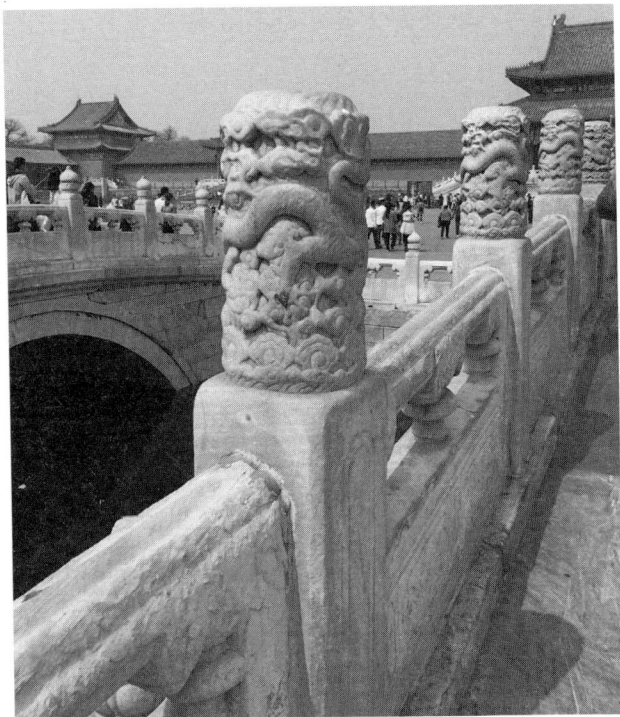

望柱

着云龙云凤的望柱 1488 根。望柱的下面，伸出汉白玉螭首（龙头）1142 个，如遇大雨，平台上积攒的雨水就会从龙口排出，状如白练，被誉为"千龙吐水"。

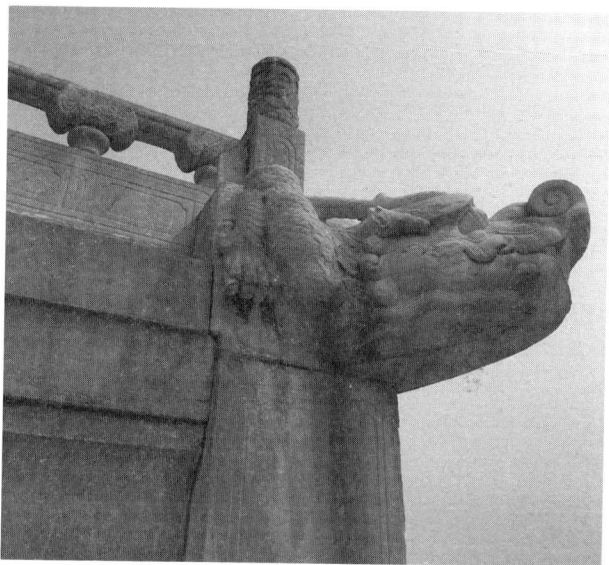

**螭首**

　　如欲从正面登上太和殿，就必须经石阶登上三层平台，石阶的中间是以巨大的石料雕刻成的"御路"。这御路是专为皇帝准备的，其他人可不敢从上面过。但这御路上并没有台阶，而是雕刻成双龙戏珠的图案，衬托以海浪和流云。那皇帝怎么在上面走呢？这个不用我们操心，皇帝自有办法。他坐在由八名太监抬着的轿子上，飘飘悠悠，如腾云驾雾一般就从这海浪和流云的上方"飘"到了大殿上。当然，太监们是从这御路石两边的台阶上一步步小心翼翼地迈上去的。这派头，这气势，怪不得有那么多人都愿意当皇帝呢！

御路石中"双龙戏珠"的珠称为吉祥如意珠。双龙之中，一个代表天帝，另一个代表帝王，喻示帝王受天之命，合天之意，务使天下风调雨顺，国泰民安。双龙下面的山海图案乃象征江山永固。

这是故宫最大的一块石雕，是用一块完整的石料雕成的，它长16.57米，宽3.07米，厚1.07米，重量超过200吨。这块石雕原本计划是用在太和殿前的，但在当时施工中程序出了差错。大石雕的石材早早地就运到了现场，三大殿和石雕雕刻同时施工。不知是当时算错了位置还是规划有了变动，等到石雕雕成时，三大殿也已大体完工了。而此时巨大的石雕已无法穿越重重宫门运至太和殿前的御道了，只好就近安置在保和殿后边。

进入大殿，恐怕很多人的第一眼都会被安放

保和殿御路石雕

在大殿正中七层高台上的、曾被无数人魂牵梦萦的"龙椅"——皇帝的髹金漆云龙纹宝座吸引过去。它是故宫现存做工最讲究、装饰最华贵、等级最高、雕镂最精美的一件文物。

据故宫专家朱家溍先生考证，这个金銮宝座很可能是明朝嘉靖（1522—1566）年间制作的。

康熙年间重修太和殿时，这个曾经被废弃的龙椅经过一番整修后继续使用，一直沿用到清末。

龙椅通高 172.5 厘米，宽 158.5 厘米，纵深 79 厘米。它有个"圈椅"式的椅背，四根圆柱上雕有四条长龙，圈成弧形。

龙椅正面高，两头扶手渐低，正面的两立柱各盘一龙，在椅子的背板上也雕有阳纹云龙。椅圈上共有 13 条金龙缠绕，其中最大的一条正龙昂首立于椅背的中央。椅面之下没有通常的椅子腿，而是一个须弥底座，在束腰的地方透雕双龙戏珠，满髹金漆。

宝座周围摆设有象征太平有象的象驮宝瓶，象征君主贤明、群贤毕至的甪端，象征延年益寿的仙鹤，以及焚香用的香炉、香筒。

围绕着这个曾经多少人梦寐以求的宝座，还有一些传说故事。在 1908 年 12 月，四岁的溥仪在太和殿登基，他的父亲跪在宝座下扶着他，可是溥仪却哭喊着说："我不在这儿，我要回家。我不在这儿，我要回家。"他的父亲只好说："别哭了，别哭了，快完了。"典礼结束以后，文武百官窃窃私语说这不是个好兆头。果不其然，三年以后，孙中山先生领导的辛亥革命胜利，推翻了清王朝，结束了中国的封建帝制。

1915年，袁世凯复辟帝制，要在太和殿举行登基大典。他不希望自己的"洪宪王朝"像清朝末代王朝那样败落，不想承袭已颠覆的清王朝的旧制，于是他将太和殿整修了一番，并用一把特地赶制的颇具西洋特色的高背大椅替换了金銮宝座。

这个西洋大椅椅背很高，座面却很矮。据说是因为袁世凯腿短，却又要显示帝王气派，才如此设计。椅背上，还用白缎绣上"中华帝国"的国徽。但无论材料还是工艺，它显然都无法同金銮宝座相提并论，并且和金碧辉煌的太和殿极不相称。特别是那个椅背因年久渐渐破裂后，人们发现里面竟然塞着稻草。

1947年，根据文物原状陈列的历史性原则，故宫做出决定：撤下袁世凯的"龙椅"，换回原来的金銮宝座。但是，由于袁世凯当年将金銮宝座移出后随意置放在一间库房内，许多年过去了，当时谁都不知道金銮宝座置身何处。直到1959年，朱家溍先生从一张1900年的老照片上看到了太和殿内景的陈设原状。朱先生以照片为依据，按图索骥，最终在一处存放破旧家具和木料的库房中发现了这个举世珍宝。故宫博物院的专家们通力合作，用了934天，终于将其修葺一新，使其重回我们的视野。

宝座后方摆设着七扇髹金漆大屏风，屏风的上沿及扇面上也都雕满了龙。

宝座两侧立有高12.7米的蟠龙金柱六根，每根金柱上有沥粉金龙一条，龙身缠绕金柱。东侧三根金柱的龙首向西朝着宝座张望，西侧三根金柱的龙首向东朝着宝座张望，从而营造出捍卫宝座的气氛。看到此也许你要问了，太和殿上为什么只有这六根做成蟠龙金柱，其他的66根是一般的红漆木柱呢？这也是有讲究的，其寓意取自《周易》中的《乾·文言》：

时乘六龙以御天。

对于这句话的含义，太和殿后面中和殿上的一副对联给出了很好的回答。这副对联是：

时乘六龙以御天，所其无逸；
用敷五福而锡极，彰厥有常。

时，按时。乘六龙以御天为上古神话，说的是太阳乘坐由六条龙拉的车巡行于天空。所，在于。其，它。逸，安逸。彰，彰明。常，规律。意为太阳驾六龙永恒地在天空中运行，在于它自强不息；人君因布五福（《尚书·洪范》："五福，一曰寿，二曰富，三曰康宁，四曰攸好德，五曰考终命。"即长寿、富裕、健康、声誉好、寿终正寝）而获得人民的拥戴，要永远明确这一规律。

这也就是说，六根蟠龙金柱连同皇帝的宝座，共同组成了一个像太阳神乘坐六龙拉着的神车巡视宇宙的意境。它勉励皇帝坐在龙座上治理天下，要像日神巡天一样，运转不息，勤勉不懈。

从宝座抬头上望，天花板上是金漆蟠龙藻井。"藻井"是古建筑中的名称，就是指天花板中间镂空雕刻的一块。此处雕刻的是一条蟠龙，就叫蟠龙藻井。藻井的井口是由几个正方形错叠成的一个多角形图案，其内壁和下面绘有 16 条口含宝珠的小龙，16 条小龙拱卫着正中盘卧的一条大龙，大龙口衔一个悬吊着的亮晶晶的圆球，名叫"轩辕镜"。

相传轩辕镜为中国人的始祖黄帝所造，将它悬于宝座上象征江山正统，表明皇上是黄帝的继承者和接班人，并且受轩辕氏的保佑。

传说，如果镜子下面宝座上坐的不是真龙天子，宝珠就会掉落下来，砸死下面的"假货"。但现在宝座与轩辕镜并不上下相对，据说是复辟皇帝袁世凯登上宝座，抬头见轩辕镜悬在头顶，怕球掉下来将他砸死，于是将宝座后移。

据计算，在整个金銮宝座这块区域，雕龙及龙纹共有 420 条。

　　另外，太和殿殿内的横竖梁枋、暗柱以及东西暖阁横竖梁枋上共有彩色龙纹4307条，东西北三面墙壁上也有龙纹364条，东西暖阁的扇门上还有雕龙及龙纹194条。在东西暖阁两侧，陈设

太和殿

的一对紫檀木的雕龙大柜上还有龙纹 178 条。据不完全统计，整个太和殿内的龙雕龙纹等各种形式的龙，约有 13844 条之多。如果加上太和殿外石雕栏杆上的龙雕龙纹，太和殿内外共计有蟠龙、行龙、团龙及龙纹 14986 条。

# 第三章　《周易》与中国古代的礼制建筑

## 一、唐代洛阳明堂中的易数

尊天崇地、敬奉祖先是中国古人的重要思想观念，对天地、祖先定期进行祭祀是古人的一项重要活动。据古书记载，这些祭祀活动的地点一般是在一种叫作"明堂"的建筑内进行。东汉时期儒家经典著作《白虎通·辟雍》说：

> 　　天子立明堂者，所以通神灵，感天地，正四时，出教化。

也就是说，中国古代的明堂建筑是天子祭祀天地、制定政令和推行教化的地方，凡朝会、庆功、祭祀等大典，均在明堂举行。

由于古书记载的不同，再加上后人理解的偏差，明堂的形制、规模一直是一个争议比较大的问题。

据史书记载，两汉以及魏晋南北朝时期都建有明堂，但形制各不相同。唐太宗、高宗时都考虑要建明堂，高宗甚至下了一道诏书《定明堂规制诏》，把明堂的形制、规模以及各部分的详细尺寸都规定好了，让大臣们去讨论。结果还是分歧太大，不了了之。

不过，从这道诏书我们可以看出《周易》对明堂这类礼制建筑的影响。诏书规定的明堂的形制、尺寸都是根据《周易》《尚书》《淮南子》《汉书》等记载的天地、阴阳五行之数、四时八节、二十八星宿等而设计的，其中依据《周易》的数字大致如下。

（一）乾坤之策数

明堂每面的宽度为三百六十步，其依据是什么呢？《定明堂规制诏》说：

> 按《周易》乾之策二百一十有六，坤之策一百四十有四，总成三百六十，故方三百六十步。[①]

乾坤之策是指《周易》筮法中求得《乾》卦、《坤》卦时用到的筹策数。因为算卦时是四根四根地（"揲之以四以象四时"）数蓍草，老阳之数是九，少阳之数为七，老阴之数为六，少阴之数为八。求得一个老阳爻需 36 根（4×9）蓍草，六爻都是老阳，需 216 根（36×6）；求得一老阴爻需 24 根（4×6），六爻都是老阴，需 144 根（24×

---

① 《旧唐书》卷二十二《礼仪志》引《定明堂规制诏》，文渊阁四库全书本。下同。

105

第三章 《周易》与中国古代的礼制建筑

6）；乾坤相加，为360根（216＋144）。

求得乾坤六爻都是少阳、少阴时的策数比老阳老阴时还要多：分别为 $4 \times 7 = 28$，$28 \times 7 = 196$；$4 \times 8 = 32$，$32 \times 8 = 256$；$196 + 256 = 452$。古人为什么不用少阴少阳，这是值得探究的问题。

明堂横梁之上的槛柱共有204根，《定明堂规制诏》阐述其依据是：

> 按《周易》坤之策一百四十有四，又《汉书》九会之数有六十，故置二百四柱。所以采坤策之玄妙，法甲乙之精微。环回契辰象之规，结构准阴阳之数。又基以象地，故叶策于坤元。柱各依方，复规模于甲子。

柱头之间的重楣共216条，《定明堂规制诏》阐述其依据是：

> 按《周易》乾之策二百一十有六，故置二百一十六条。所以规模易象，拟法乾元。

应大衍之深玄，叶神策之至数。

明堂檐径二百八十八尺。《定明堂规制诏》阐述其依据是：

按《周易》乾之策二百一十六，《易纬》云年有七十二候，合为二百八十八，故径二百八十八尺。所以仰叶乾策，远承贞候，顺和气而调序，拟圆盖以照临。

（二）阴阳五行之数

明堂每面设置三个门，每门含五间房，《定明堂规制诏》阐述其依据是：

《周易》三为阳数，二为阴数，合而为五，所以每门舍五间。

地基为八角形，高一丈二尺，直径二百八十尺，《定明堂规制诏》阐述其依据是：

又按《周易》三为阳数，八为阴数，三八相乘得二百四十尺。按《汉书》九会之数有四十，合为二百八十，所以基径二百八十尺。故以交通天地之和，错综阴阳之数。以明阳不独运，资阴和以助成；阴不孤行，待阳唱而方应。阴阳两顺，天地咸亨，则百宝斯兴，九畴攸序。

这里不但用了易数，还把《周易》"一阴一阳之谓道"所蕴含的阴阳相辅相成的思想体现出来了。

地基正中建一堂，每面九间，每间宽一丈九尺，《定明堂规制诏》阐述其依据是：

按《尚书》地有九州，故立九间。又按《周易》阴数十，故间别一丈九尺。所以规模厚地，准则阴阳，法二气以通基，置九州于一宇。

明堂一周共有十二门，每门高一丈七尺，宽

一丈三尺,《定明堂规制诏》阐述其依据是:

> 按《礼记》一岁有十二月,所以置十二门。又按《周易》阴数十,阳数七,故高一丈七尺。又曰阳数五,阴数八,故阔一丈三尺。所以调兹玉烛,应彼金辉,叶二气以循环,逐四序而迎节。

明堂一周的窗户,高一丈三尺,宽一丈一尺,共二十三棂、二十四明,《定明堂规制诏》阐述其依据是:

> 又按《周易》天数一,地数十,故阔一丈一尺。又天数九,地数十,并四时成二十三,故二十三棂。又按《周易》八纯卦之本体,合二十四爻,故有二十四明。列牖疏窗,象风候气,远周天地之数,曲准阴阳之和。

明堂中间有八根大柱,之外又有四柱,为四

辅。八柱四辅外第一重有二十柱,《定明堂规制诏》阐述其依据是:

> 按《周易》天数五,地数十,并五行之数,合而为二十,故置二十柱。

明堂上面的栋梁离地基九十尺。《定明堂规制诏》阐述其依据是:

> 按《周易》天数九,地数十,以九乘十,数当九十,故去基上面九十尺,所以上法圆清,下仪方载,契阴阳之至数,叶交泰之贞符。又以兹天九,乘于地十,象阳唱而阴和,法乾施而坤成。

(三)大衍之数

明堂中间八柱,各长五十五尺,《定明堂规制诏》阐述其依据是:

按《河图》八柱承天，故置八柱。又按《周易》"大衍之数五十有五"（按《易传》"大衍之数五十"），故长五十五尺。耸兹八柱，承彼九间，数该大衍之规，形符立极之制。且柱为阴数，天实阳元。柱以阴气上升，天以阳和下降，固阴阳之交泰，乃天地之相承。

堂檐离地五十五尺。《定明堂规制诏》阐述其依据是：

按《周易》大衍之数五十有五，故去地五十五尺。所以拟大易之嘉数，通惟神之至赜，道合万象，理贯三才。

（四）其他易数

明堂中心八柱之外的立柱根据长短分为三等。《定明堂规制诏》阐述其依据是：

按《周易》天地人为三才，故置柱长短

三等。所以拟三才以定位，高下相形，体万物以资生，长短兼运。

明堂共有连栱三百六十枚，《定明堂规制诏》阐述其依据是：

> 按《周易》当期之日三百有六十，故置三百六十枚。所以叶周天之度，准当期之日。顺平分而成岁，应晷运以循环。

明堂有南北大梁二根，《定明堂规制诏》阐述其依据是：

> 按《周易》"太极生两仪"，故置二大梁。轨范乾坤，模拟天地，象玄黄之合德，表覆载以生成。

很明显，这里的建筑尺寸与用料数大都是根据实际需要而设置的，之后再拐弯抹角从《周易》

等经典中找依据。只可惜，唐高宗的诏书颁布下去后，群臣仍然议论纷纷，聚讼不决，终高宗之世，明堂也未能建成。

女皇武则天是个很有个性的人，她登基后，决心"不听群言""自我作古"。在她亲自过问下，于垂拱四年（688）正月五日在洛阳建成了中国古代体量最大、形式最奇特的一座楼阁式的明堂，被称为"万象神宫"。

明堂高二百九十四尺，东西南北各长三百尺。共有三层，下层象四时，有四面，每面各随五行之方色，东青、南赤、西白、北黑；中层法十二辰，圆盖，盖上盘九龙；上层法二十四气，也是圆盖。明堂正中有一巨木，十个人才能合抱过来，上下通贯，各种梁、檩、斗拱等部件都以它为支撑，部件之间都以铁索相连。上盖做成鸑鷟（民间传说的五凤之一）之形，用黄金来装饰，展翅欲飞。

唐高宗诏书中设计的明堂虽然最终没有建成，但它在建筑形制、尺寸上处处比附易数、阴阳五行数的做法为后世所继承。如清同治七年（1868）

屠戮宗支毒窜忠良
揉窃神器滥樱纲常

武则天

武则天像

在武昌建成的黄鹤楼，自古就有"江南三大名楼"之称。它的形制规模也屡屡比附易数，如它的楼平面明着为四方形，取法《周易》的四象，实际为八角形，取法八卦；上下明为三层，寓意《周易》所说的天地人三才，暗中为六层，喻示易卦六爻之数。

# 二、北京天坛中的易数

唐以后，北宋政和年间在汴梁（今河南省开封市）又按《周礼》建造了一座明堂，但它的形制与唐朝的楼阁式已大不相同，它是由几个天井连接起来的院落。此后几代均未再建明堂。到了明朝嘉靖二十四年（1545）改建北京天坛，新建圆形大享殿（即清朝时祈年殿），曾经一度被附会为古代明堂。

北京的天坛是中国现存规模最大，结构最完整的一座古代皇家祭天建筑，始建于明朝永乐十八年（1420），至今已有五百多年了。它坐落在北京内城之外的南面，明清两朝皇帝于每年的冬至都要到这里祭天，孟春祈谷，夏至祷雨。

天坛内的主要建筑由南至北分别为圜丘坛、皇穹宇、祈年殿和皇乾殿等。这些建筑除注重外

圆丘坛

形用圆形外，在"数"的使用上，更多地使用代表天、代表阳的一、三、五、七、九等阳数，特别是阳数中最大的数字九，被反复强调。

圜丘坛是祭天用的圆形祭坛，共分三层，每层的东西南北四面各有台阶九级。每层周围都环绕有精雕细刻的汉白玉石栏杆。栏杆数均为九的

图五

117

倍数，上层 72 根，中层 108 根，下层 180 根。三层坛面的直径，最上一层直径为九丈（取一九），中层直径为 15 丈（取三五），下层直径为 21 丈（取三七），合起来 45 丈，不但是九的倍数，而且还有"九五"之尊的含义。同时，各层铺设的扇面形石板数，也是九或九的倍数。最上层的中心是一块圆形大理石（称作天心石或太极石），从中心石向外，第一环为九块，第二环 18 块，到第九环 81 块；中层从第十环的 90 块至十八环的 162 块；下层从十九环的 171 块至二十七环的 243 块。三层共 378 个"九"，为 3402 块，按 $fn = 9n$ 的数学规律排列。

圜丘坛的四周绕以红色宫墙，上饰绿色琉璃瓦，俗称"子墙"。子墙的东西南北四方各开有一大门，称为天门。四天门又各有一个很别致的正式名称，东天门叫泰元门，南天门叫昭亨门，西天门叫广利门，北天门叫成贞门。每座门上题有满汉合璧的门额。将四门名称的第二个字按东南西北顺序排列起来，就是"元亨利贞"。这四个字

昌宁殿

第三章 《周易》与中国古代的礼制建筑

119

正是《周易》《乾》卦的卦辞，而《乾》卦的卦象就是天。

圆形的皇穹宇是用来存放皇天上帝牌位和皇帝祖宗牌位的。殿内地面亦为圆形，其中心为圆形石面，外面围绕九块扇形石头地面。皇穹宇左右有偏殿两座，面阔各五间。皇穹宇正殿外有三绝，那就是著名的回音壁、三音石和对话石。

回音壁是皇穹宇圆形的围墙，只要两个人分别站在东、西配殿后，贴墙而立，一个人靠墙向北说话，无论声音大小，站在一二百米外另一端的人都能听得清清楚楚，而且声音悠长，给人造成一种"天人感应"的神秘气氛，所以称之为"回音壁"。

三音石又称三才石，借用的也是《周易》"天、地、人"三才（材）的说法。站在殿基须弥座前面的第一块石板上，面向殿内说话，可以听到一次回声。站在第二块石板上，可以听到两次回声。站在第三块石板上，可以听到三次回声，这第三块石板就称为三音石。而且如果大殿仅敞开面对三音石的这一扇殿门，殿门到殿内正中的神龛之间也没有任何障碍物，此时听到的回音就尤其响亮，有"人间偶语，天闻若雷"的感觉，因此三音石又称"天闻若雷石"，就是说人间的一言一行都将被天神所洞察。人在做，天在看，这对来此祭天的皇帝和臣僚们也会有一种很好的警醒作用。

对话石指皇穹宇前甬道上的第18块石板。站在这块石板上可与相距36米之遥的东配殿东北角或西配殿西北角上的人对话，虽然彼此都看不见，但声音却听得清清楚楚，如同两个人在打免提电话。

祈年殿是皇帝祈谷用的大殿，殿高九丈九尺，基座三层，每层九级台阶，用的都是代表天的阳数。大殿屋顶为三层，重檐结构，向上逐层收缩作伞状，蓝色琉璃瓦象征蓝天，最上冠有鎏金宝顶。殿内的地面亦为圆形，中心为一圆形石块，其周围按八卦方位的规律排列扇形石头。殿内柱子有三圈，其数目也体现了《周易》的"法天"

1910年时的祈年殿（Burton Holmes著《从阿穆尔到北京紫禁城》［*Down the Amur, Peking, the Forbidden City*］, Chicago: Travelogue Bureau,1901）

思想。内圈四根"龙井柱"象征一年四季春、夏、秋、冬，中间十二根"金柱"象征一年十二个月，外圈十二根"檐柱"象征一天十二个时辰。中层和外层相加共二十四根，象征一年二十四个节气。三圈总共二十八根，象征天上二十八星宿。再加上柱顶端的八根铜柱，总共三十六根，象征三十六天罡。殿内地板的正中是一块圆形大理石，带有天然的龙凤花纹，与殿顶的蟠龙藻井和四周彩绘金描的龙凤和玺图案相互呼应，使整座殿堂显得十分富丽堂皇。

这里要说明一下，所谓龙凤和玺，是我国传统建筑中的一个常见而重要的装饰手法，其级别低于金龙和玺。建筑的枋心、找头、盒子等主要部位由龙凤两种图案组成，一般是青地画龙，绿地画凤。图案中亦有双龙或双凤，龙凤和玺中有"龙凤呈祥""双凤昭富"等名称。祈年殿宝顶下的雷公柱则象征皇帝的"一统天下"。

# 三、北京地坛中的易数

地坛是明朝嘉靖九年（1530）所建，位于北京内城之外的北方。因祭坛拜台周围设计有方形泽渠，故原名方泽坛，明朝嘉靖十三年改名为地坛。地坛是明清两朝皇帝祭祀"皇地神祇"即地神的地方，是我国现今保存最完整的祭地建筑。

在《周易》中，地属阴，所以地坛建筑之数多采用二、四、六、八、十等阴数，如地坛中心建筑祭坛拜台为二层正方形，上层坛面尺寸为三十六丈（$6 \times 6$），下层为一百丈（$10 \times 10$），两层之间的台阶为偶数 8 阶。坛面则由方形石组成，上层坛面中心为 36 块（$6 \times 6$）大方石，其外接按八卦方位排列的 512 块〔($8 \times 8$）$\times 8$〕较小方石，下层为 1024 块〔（$8 \times 8$）$\times 16$〕小方石。地坛祭台外围墙有两层。

北京地坛组图

# 第四章 《周易》与中国民间建筑

## 一、浙江兰溪八卦村

在浙江省金华市兰溪市西部的群山之中，有一处国内仅有、举世无双，且保存了大量明清古民居的古文化村落——诸葛八卦村。这个村子的特别之处是，村子的建筑格局是按"八卦图"的样式布列的。

整个村子坐落在八座小山的合抱之中，形成

"八卦图"的外八卦。村子的地形如锅底，中间低平，四周渐高。四方来水，汇聚锅底，形成一口池塘，这就是诸葛八卦村的核心——钟池。钟池不大，但这口水塘半边有水，半边为陆，形如八卦图中的"阴阳鱼"太极图。

以钟池为中心，有八条小巷向四面八方延伸，直通村外的八座小山，其平面酷似八卦图，形成内八卦。小巷又派生出许许多多横向环连的窄弄堂，弄堂之间千门万户，星罗棋布着许多古老纵横的民居。接近钟池的小巷较为笔直，往外延伸时渐趋曲折，而许多小巷纵横相连，似通非通，犹如迷宫一般。外人进入小巷，往往好进难出，甚至迷失方向。据说，曾有盗贼混入，找不到出路，结果束手就擒。

据考证，村子原来叫高隆村，是迄今发现的诸葛亮后裔的最大聚居地。该村是由诸葛亮二十七世孙诸葛大狮于元代中后期开始营建的，至今已有六百余年的历史，仍保存完好，成为人们旅游访古的好去处。

浙江兰溪八卦村诸葛镇

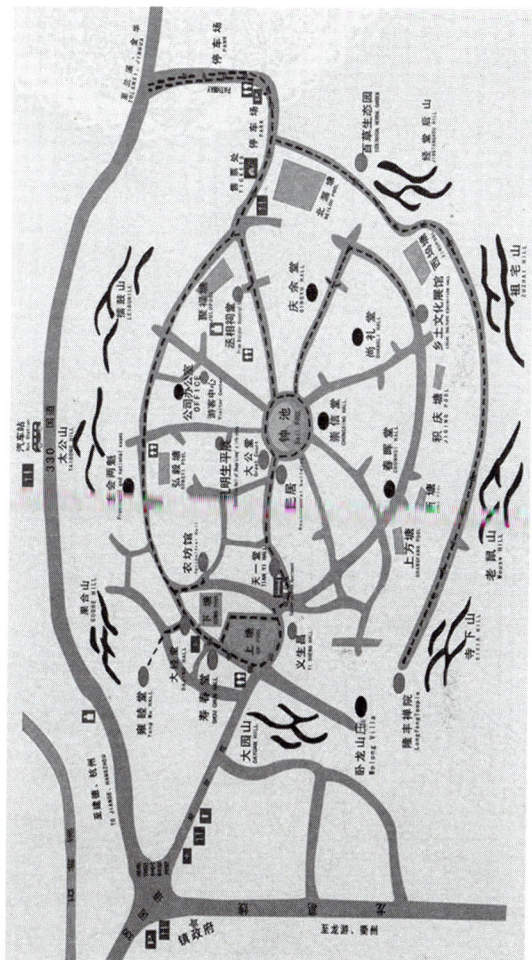

诸暨八卦村全景图

1993年，国家文物局专家组组长、著名古建筑学家罗哲文先生实地考察诸葛村后说，中国传统的村落和城郭布局有依山傍水的不规则形和中轴对称的方整形两种，像诸葛村这种围绕一个中心呈放射状的九宫八卦形布局，在中国古建筑史上尚属孤例，其重大价值不言而喻。

至今在当地人中还流传着八卦村的许多传奇故事。比如，1925年北伐战争期间，南方国民革命军萧劲光的部队与军阀孙传芳部队在八卦村附近激战三天，竟然没有子弹炮弹落入村子，整个村庄完好无损。抗战时期，一队日军从村外高隆岗大道经过，竟然没有发现这个村庄。这些传说都说明了八卦村的神奇。

# 二、《周易》与民间风水

风水之说大概是中国特有的文化现象，后又

逐渐流传到朝鲜、日本、东南亚及世界各地。中国古代的每一座建筑（至少是从风水术有明确记载的晋代时起），不管是阳宅还是阴宅，无论是官方建筑还是民间建筑，几乎都是在风水师的"指点"下完成的。只不过术有多派（如主要以周围环境为依据的形势派和以阴阳五行生克变化为依据的理气派等），师有高低，时有变迁，再加上地域差异，即便在同一派风水师指导下，各地建筑布局也多有不同。

需要说明的是，现在的人一提起风水师，往往会立即想到他是搞"周易"的（算命、看相、测字等术士也是一样），这是不正确的。

至少从孔子时起，《周易》就以两种不同的路径在传播。其一是孔子创立的"引申发挥式"的义理阐释路径，今本《文言》《系辞》中的"子曰"部分即为其代表；其二是与龟卜齐名的筮占路径，以《左传》《国语》中记载的《周易》筮占的例子为其代表。这两种传播路径至迟在西汉末还并行不悖。班固根据刘向、刘歆父子《七略》

改编的《汉书·艺文志》中，分别把这两类著作归入儒家经典"六艺"类和"术数"类，就可以很好地说明这个问题。

也是在西汉，儒学发生了很大的转变，以董仲舒为代表的"新儒家"吸收了阴阳五行家的说法，大讲灾异、谴告。在这种思潮的影响下，以京房为代表的易学家也开始讲卦气，讲灾异。本来易学和五行是不相关的，易学讲象，讲爻变，无关五行生克，但在汉代也通过卦气说与五行关联在一起了。因为卦气说把八卦、六十四卦和日期对应起来，而日期又和五行是关联在一起的，大到一年四季，小到一日一时，都有五行属性。[①]通过"五行"这一媒介，《周易》与其他方术有了很好的互通共融。

西汉是中国古代不同地域文化的大融合时期（秦虽统一全国，但历时太短），各种术数文化也

---

① 五行与方位又有对应关系，《易传》中本来就有的八卦方位说在此时内容更丰富了，以至于发展成后来影响非常大的先天方位、后天方位。

在这一时期互相借鉴，互相吸收。

《史记·日者列传》记载，汉武帝时，曾把各种搞预测、占卜的方士召集起来，让他们用自己的方法看看某日能娶媳妇否，结果五花八门：

> 五行家曰可，堪舆家曰不可，建除家曰不吉，丛辰家曰大凶，历家曰小凶，天人家曰小吉，太一家曰大吉。辩讼不决。

最后汉武帝裁决说：

> 避诸死忌，以五行为主。

五行学说由此在术数界取得了"霸主"地位。梁启超说：

> 阴阳五行说，为二千年来迷信之大

本营。①

梁氏之说从另一个方面说明了五行说在术数文化中的重要作用。《周易》作为"宫廷秘籍"（《周易》原本掌握在周王室的太卜手里，专为周王室服务，后来才流传到民间），又有"立于学官"、可招"博士"弟子的官方身份，自然在民间术数界的影响是非常大的。各种术数"皆援《易》以为说"，风水术自然也未能"免俗"。

风水术援用的易说，除笼统的阴阳平衡、卦象卦德外，其核心乃是后天八卦方位及其对应的五行属性，遵循的仍是五行生克原理。如风水术中称东南西北等方位不叫东南西北，而称之为震方、离方、兑方、坎方，或者震位、离位、兑位、坎位。除了故弄玄虚的显摆外，没有太多的易学意义。再如风水术中比较盛行的"八宅术"，它根据住宅主要房屋的坐向和朝向，按照后天八卦方

---

① 梁启超：《阴阳五行说之来历》，《东方杂志》1923年第20卷第10号。

位和名称，将住宅划分为两组，即东四宅和西四宅。

东四宅：震宅，坐东向西。离宅，坐南向北。巽宅，坐东南向西北。坎宅，坐北向南。

西四宅：乾宅，坐西北向东南。兑宅，坐西向东。艮宅，坐东北向西南。坤宅，坐西南向东北。

宅主人也通过生辰年份和八卦相配合，被分为八种命形，称为"东四命"和"西四命"。凡所配的卦是《坎》《离》《震》《巽》之一的，便是东四命；凡所配的卦是《乾》《坤》《艮》《兑》之一的，便是西四命。

东四命的人适宜住东四宅，西四命的人适宜住西四宅，否则有凶。不仅如此，大门的朝向和位置以及宅内灶、床、厕、井、磨等的位置，都要做出相应的安排，以便取得人丁兴旺、财源滚滚、富贵长寿的效果。

其基本原则是门、床、灶、井、磨等与养生相关的事物宜放在或朝向吉方，而厕所、烟囱等污秽物宜放在或朝向凶煞方位。

　　而所谓的吉凶方位，主要用该宅卦的五行属性与其他七卦的五行属性相比较，根据其生克结果来判断，属性相同或相生则吉，相克则凶。如震属阳木，巽属阴木，离属阴火，坎属阳水，乾属阳金，兑属阴金，艮属阳土，坤属阴土。震木与巽木为同性，震木生离火，坎水生震木，则震东的吉方为巽东南、离南和坎北；乾金、兑金克震木，震木又克艮土和坤土，则震木的凶煞方位是乾西北、兑西、艮东北和坤西南。其他以此类推。

# 第五章　《周易》与道教建筑

　　道教是中国土生土长的宗教，大约形成于东汉末年。道教把《老子》《庄子》和《周易》作为它的经典，因而易学思想在道教的形成和发展过程中起了很大的作用，东汉魏伯阳的《周易参同契》就是把《周易》、黄老学说、炼丹术糅合到一起而成的道教名著。从建筑的角度看，易学影响痕迹也是很明显，太极图、八卦图在道教建筑中作为普遍使用的装饰符号就能很好地说明这一问题。

　　"创业艰难百战多"，也像世界上的其他宗教一样，在创教之初，道教的建筑也是非常简单的，道士们甚至在草庵、岩洞中从事宗教活动。随着教众的增多，特别是以皇帝为代表的政府的大力支持与提倡，使道教得到了很好的发展，也积攒了雄厚的财力，才陆续建起了治、庐、馆、宫、观等名称的建筑。

特别是到了唐代，因道教尊奉的老子传言叫李耳，也姓李，这个血统并不纯正的李姓王朝就认了祖宗。唐高宗乾封元年（666）尊老子为太上玄元皇帝，下诏各州设一观一寺。（《旧唐书·高宗本纪》）道教空前兴盛，各地自此开始广设宫观。《唐六典·祠部》记载唐代道观全国达1687处。至宋代尚存唐道观壁画8524间。明中叶以后，随着道教的衰微，官方对道教建筑的资助锐减，但民间仍有集资兴修者。

这些由官府资助的道教建筑一般都规模宏大，工艺精美。其规制也深受《周易》的影响。据题三洞道士朱法满撰的《要修科仪戒律钞》卷十引《太真科》称：

立天师治：地方八十一步，法九九之数，唯升阳之气。治正中央名崇虚堂，一区七架、六间、十二丈开，起堂屋上，当中央二间，上作一层崇玄台。当台中安大香炉，高五尺，恒爇香。开东西南三户，户边安窗，两头马道，厦南户下、飞格上朝礼……崇玄台北五丈起崇仙堂，七间、十四丈、七架，东为阳仙房，西为阴仙房。玄台之南，去台十二，又近南门，起五间、三架门室。门室东门，南部宣威祭酒舍。门屋西间，典司察气祭酒舍。其余小舍，不能具书。二十四治，各各如此。

很明显，这里的尺寸也都是取法《周易》老阴老阳（六九）、少阴少阳（八七）和中位五之数。

从整体建筑布局上看，道教宫观一般有两种形式，而且这两种形式都有《周易》影响的痕迹。

一种是模仿皇家宫殿"居中""得正"的布

局手法，主殿位于中心，按中轴线前后递进、左右均衡对称展开，北京的白云观就是这方面的代表性建筑。

白云观山门　（编者摄）

白云观始建于唐开元二十六年（738），为唐玄宗奉祀老子之圣地，初名天长观。其后历代经多次毁废、重修、更名。金正大四年（1227），邱处机弟子尹志平在其师长春宫的东侧建立道院，取名白云观。明正统八年（1443），正式赐额"白云观"。清康熙四十五年（1706）在原来基础上进行了大规模重修与扩建，今白云观的整体布局和主要殿阁规制即形成于此时。其建筑布局是，坐北朝南，分为中、东、西三路以及后院四个部分，占地面积一公顷多。

观内的主要殿宇都位于中路的中轴线上，它以山门外的照壁为起点，依次有牌楼、华表、山门、窝风桥、灵官殿、钟鼓楼、三官殿、财神殿、玉皇殿、救苦殿、药王殿、老律堂、邱祖殿和三清四御殿。

窝风桥　（编者摄）

灵官殿　　（编者摄）

玉皇殿坐落于高大的"凸"字形台基之上，殿面阔五间（取法中五），三间前列月台，灰筒瓦歇山顶，殿内供玉皇大帝神像。在道教的观念中，玉皇大帝就相当于人间的皇帝，掌管天上的一切事物，并委派"皇子"（人间的皇帝）管理人间，所以他位于整个道观的中心位置。

其后的老律堂原称七真殿，供奉全真道祖师王重阳的七大弟子塑像，邱处机居中。这七人是全真教发展史上的重要人物，所以离中心点最近，

玉皇殿 （编者摄）

同时它也是观内道士宗教活动的主要场所。

老律堂 （编者摄）

邱祖殿 　（编者摄）

　　三清阁和四御殿是与邱祖殿组成的另一个院落的正房，上下两层，上为三清阁，下为四御殿，面阔五间，前出廊，它是白云观中路北端的顶点建筑。三清阁供奉道教最高尊神玉清原始天尊、上清灵宝天尊、太清道德天尊。四御殿供天神界的四位大帝像。这些都是道教神仙中的神仙，是道教中的精神领袖，名誉上的地位也最高。

　　三清阁后为云集园，是白云观的后院，也是观内最北端的建筑。园中以戒台、云集山房为主

三清阁　四御殿　（编者摄）

体建筑，另有云华仙馆、友鹤亭、妙香亭、退居
楼等建筑点缀其间，布局精巧，景色幽美。

戒台　（编者摄）

云集山房　（编者摄）

妙香亭　（编者摄）

罗公塔 （编者摄）

147

东路原有南极殿、真武殿、火神殿、斋堂等建筑，因所奉神像早毁，现已辟为寮房，作为生活居住区。东路尚有保存完好建于雍正年间的罗公塔，塔八角三级，砖石结构，雕花细腻，古朴庄重。

西路建筑有吕祖殿、八仙殿、元君殿、元辰殿、祠堂院等。这些殿堂里面供奉吕洞宾、六十甲子星宿、碧霞元君以及她的下属子孙娘娘、眼光娘娘、催生娘娘和天花娘娘。祠堂院里供奉的则是白云观历代方丈的神位。

另一种是按五行八卦方位确定主要建筑位置，然后再围绕主要建筑配置附属建筑，江西省上饶市东北部三清山的道观——三清观建筑群就是这种形式的代表性建筑。

三清观建筑群是按《周易》后天八卦的方位来建造的，即以三清宫为中心（无极），前后二殿象征阴阳两极（太极）。围绕这个中心，在四面八方的山上按八卦方位营建八大道教建筑：

北面为坎卦，象水，在此方山脚下建有天一

三清宫　　（编者摄）

水池。"天一"取"天一生水"之语，用的是五行数。

南面为离卦，象火，此方建有雷神庙，亦即九天应元府。

东面为震卦，象木，而龙属木，故在此修建有龙虎殿。

西面为兑卦，象沼泽，故在此挖了一方水池，名为涵星池。

149

三清宫山门 （编者摄）

九天应元府 （编者摄）

龙虎殿 （编者摄）

龙形石雕 （编者摄）

虎形石雕 （编者摄）

殿内供奉老子等石像　（编者摄）

涵星池　（编者摄）

西北方向是乾卦，象征着天，天上有神仙，故在此建了飞仙台。

西南方向是坤卦，象征地，在此建有演教殿，是平时教徒修习的地方。

东北方向是艮卦，象山，象征着万物循环往复的起点和终点，所以把道观创始人王祜安葬于此。

王祜墓 （编者摄）

风雷塔（相传建王祐墓时，

为避山口风雷所建）（编者摄）

东南方向是巽卦，象风，风能长养使得肉身不腐，故把道观另一重要创建者詹碧云安葬于此。

**詹碧云藏竹之所**　　（编者摄）

随着道教的发展，八卦又被道士们赋予了一项神秘的功能——驱鬼除魔。这一观念在民间得到了广泛传播，所以在民间建筑上常常绘有八卦符号，作为趋吉避凶的道具。在中国传统民居里，也时常会看到画于大门正梁或屋顶上的太极图像，象征着旋转不已、生生不息的宇宙和人生，这也是受道教太极崇拜的影响。

# 结　语

　　自从孔子把原本为卜筮之书的《周易》改造为儒家经典后，易学就是沿着两条线在社会上流传的，《汉书·艺文志》就已把有关《周易》的书籍按其内容分别收录在"六艺"类和"数术"类了。之后二者虽有交叉，互有借鉴，但分别还是很明显的。作为儒家经典的《周易》强调的是法天而治，传输的是"修身、齐家、治国、平天下"的大道。作为数术类的《周易》，在流传过程中更多地吸收了阴阳五行观念，关注的多是个人命运的吉凶祸福。这二者在中国建筑上的影响也表现出明显的不同。代表国家层面的城市建筑、宫殿建筑、礼制建筑以及模仿宫殿建筑的宗教建筑，效法的是《周易》所蕴含的天道，体现的也是一种法天理念，是对儒家《周易》的借鉴；而民间建筑更关注的是《周易》发展过程中所衍生的细枝末流，是风水术中所吸收的《周易》皮毛，受到的是术数类《周易》的影响。从这个意义上来说，儒家易学所说的"《易》为君子谋，不为小人谋"（张载《正蒙·大易篇》）还是有一定道理的。